脱贫攻坚
与乡村振兴衔接
基层案例评析

中国扶贫发展中心
全国扶贫宣传教育中心 　组织编写　／　覃志敏　著

人民出版社

导　读

　　本书以乡村振兴战略的"产业兴旺、生态宜居、乡风文明、治理有效、生活富裕"20字总要求为结构主轴，以我国西南地区9个贫困村为研究案例，对案例村在产业兴旺、生态宜居、乡风文明、治理有效等领域推进脱贫攻坚与乡村振兴衔接的基层实践探索进行介绍，对其实践中的"得"与"失"进行剖析，针对存在的突出问题提出了相应的对策和建议，突出了"为何衔接"和"如何才能更好衔接"的主题，凸显了其理论价值和实践价值。

　　全书共六章。

　　第一章"导论"，论述了从基层实践视角研究脱贫攻坚与乡村振兴衔接的价值与意义。

　　第二章"产业兴旺：脱贫攻坚与乡村振兴的产业衔接"，论述脱贫攻坚与乡村振兴战略在产业领域的衔接背景，阐述在完善农业产业经营体系、促进农村产业深度融合、完善产业利益联结等方面实现脱贫攻坚与乡村振兴衔接的政策，通过隆坝村、三百村、农干村三个贫困村的实践案例，分别介绍在乡村产业融合发展、贫困户与现代农业衔接、发展村集体经济等方面促进脱贫攻坚与乡村振兴衔接的做法、机制和成效，以及得出的经验与启示。

第三章"生态宜居：脱贫攻坚与乡村振兴的生态与人居环境衔接"，论述脱贫攻坚与乡村振兴战略在生态与人居环境领域衔接的背景，介绍推进乡村绿色发展、改善乡村人居环境等重点政策，通过里才村、海雀村的实践案例，分别评析生态资源开发促脱贫、生态建设促人居环境改善等方面的做法、机制和成效，以及取得的经验与启示。

第四章"乡风文明：脱贫攻坚与乡村振兴的文化与公共服务衔接"，论述脱贫攻坚与乡村振兴战略在乡风文明领域衔接的背景，阐明脱贫攻坚与乡村振兴战略在乡风文明领域衔接的重点政策，包括加强思想道德建设、传承发展农村优秀文化传统、加强公共文化建设，通过仁乡村和合寨村的实践案例，分别评析乡村旅游促进减贫与文化振兴、政府与村庄合力供给公共服务等方面的做法、机制和成效，以及形成的经验与启示。

第五章"治理有效：脱贫攻坚与乡村振兴的基层治理衔接"，论述脱贫攻坚与乡村振兴战略在治理有效领域衔接的背景，阐述脱贫攻坚与乡村振兴战略在追求治理有效方面衔接的重点政策，包括加强以党组织为核心的乡村治理体系、加强农村基层党组织人才队伍建设，通过天然村、岜独村的实践案例，分别评析农村基层党组织和贫困村"第一书记"促进治理有效等方面的做法、机制和成效，以及获得的经验与启示。

第六章"研究结论与政策建议"，对本书主要研究结论进行简明扼要的总结，同时对脱贫攻坚与乡村振兴衔接面临的主要问题进行思考，并提出相应的对策建议。

目 录
CONTENTS

第一章

导论

第一节 脱贫攻坚与乡村振兴

一、决胜全面建成小康社会与脱贫攻坚战

（一）全面小康进程中的脱贫攻坚与精准扶贫

改革开放以来，我国在农村减贫进程中实施了两次扶贫开发的攻坚战。第一次扶贫攻坚战开始于 20 世纪 90 年代中后期，服务到 2000 年总体实现小康社会战略目标，致力于解决农村贫困人口温饱问题。1994 年中央政府制定实施《国家八七扶贫攻坚计划》，明确提出集中人力、物力和财力，动员社会各界力量，争取用 7 年左右时间，到 2000 年年底基本解决农村贫困人口的温饱问题。作为我国历史上第一个具有明确目标、明确对象、明确措施和明确期限的扶贫开发行动纲领，该计划从形势与任务、奋斗目标、方针与途径、资金的管理使用、政策保障、部门任务、社会动员、国际合作、组织与领导九个方面作了明确规定。强调坚持开发式扶贫方针，鼓励贫困地区干部、群众发扬自力更生、艰苦奋斗精神，在国家主导下，以市场需求为导向，依靠科技进步，开发当地资源和发展经济，以及开展劳务输出、开发式移民，解决温饱问题进而脱贫致富。经过历时 7 年的集中攻坚，扶贫攻坚战取得显著成效。按照当时国内贫困标准，农村贫困发生率由 1993 年的 8.8% 下降到 2000 年的 3.4%。[①]

---

① 张磊主编：《中国扶贫开发历程（1994—2005 年）》，中国财政经济出版社 2007 年版，第 88 页。

党的十八大之后，我国进入全面建成小康社会决胜阶段。2015 年 11 月，中央召开扶贫开发工作会议，会后发布了《中共中央 国务院关于打赢脱贫攻坚战的决定》(以下简称《决定》)。《决定》明确提出，到 2020 年稳定实现农村贫困人口不愁吃、不愁穿，义务教育、基本医疗和住房安全有保障，确保现行标准下农村贫困人口实现脱贫，贫困县全部摘帽，解决区域性整体贫困的总目标。打赢脱贫攻坚战成为全面建成小康社会的底线任务和标志性指标。与第一次扶贫攻坚战相比，这次脱贫攻坚战的新特点体现在：第一，打赢脱贫攻坚战关乎"两个一百年"奋斗目标中的第一个奋斗目标的实现。在全面建成小康社会新阶段，以习近平同志为核心的党中央高度重视扶贫工作，把扶贫开发摆到治国理政的重要位置，上升到事关全面建成小康社会、实现第一个百年奋斗目标的新高度，纳入"五个一体"总体布局和"四个全面"战略布局。① 第二，脱贫攻坚战对以往的扶贫开发战略作出创新性部署，建立精准扶贫工作机制，实施以"六个精准"和"五个一批"为核心内容的精准扶贫精准脱贫方略。精准扶贫工作机制主要针对以往扶贫工作中存在的扶贫对象底数不清、情况不明，扶贫措施针对性不强，扶贫资金和项目指向不准，不少扶贫项目粗放"大水漫灌"等突出问题，着力解决好"扶持谁""谁来扶""怎么扶""如何退"四个基本问题。

贫困人口的精准识别采取自上而下与自下而上相结合的方式，即根据测算分解出的贫困村贫困人口指标规模控制，由农户自愿申请成为贫困户，基于新的扶贫标准和"两公示一公告"识别程序最终确定贫困农户名单，找到真正的贫困人口，解决好"扶持谁"的问题。

在省级人民政府指导下，各县统筹安排帮扶资源，研究提出对贫困户

---

① 黄承伟：《习近平扶贫思想论纲》，《福建论坛·人文社会科学版》2018 年第 1 期。

结对帮扶方案，明确结对帮扶关系和帮扶责任人，由驻村工作队、帮扶责任人、村委会等与农户共同讨论制定详细的帮扶计划。组织驻村干部、帮扶责任人、村干部等力量对贫困户的家庭基本情况、生产生活条件、家庭经济状况、帮扶需求进行摸底调查，找到贫困户的致贫原因和发展需求，并对每一个贫困户进行建档立卡，记录贫困户基本情况、贫困情况、帮扶需求、结对帮扶情况、帮扶措施、脱贫计划等。党政主导是党的十八大以来我国精准扶贫工作的重要特征。中央要求党委和政府把脱贫攻坚作为"十三五"期间头等大事和第一民生工程，实行省市县乡村五级书记一起抓扶贫，层层签订脱贫攻坚责任状。建立从省到村的完整扶贫指挥体系，形成专项扶贫、行业扶贫和社会扶贫"三位一体"扶贫动员格局，保障扶贫项目优先安排，扶贫资金优先保障，扶贫工作优先对接，扶贫举措优先落实，解决好"谁来扶"的问题。

帮扶措施要与贫困识别结果和脱贫需求相衔接，根据资源条件，以问题为导向，聚焦项目瞄准机制，因村因户因人施策，促进项目安排精准。创新扶贫资金管理体制机制，加大资金整合力度，下放扶贫资金管理权限，提高资金使用效益，促进资金使用精准。实施扶贫与扶志、扶智相结合，注重培育和提升贫困人口的内生动力和能力，探索建立长效脱贫机制。实现扶贫由"大水漫灌"向"精准滴灌"转变，解决好"怎么扶"的问题。

建立健全贫困退出机制，严格执行退出标准，按照"一公示一公告"的退出程序，实行贫困人口有序退出和逐户销号。贫困退出既要防止拖延症，又要防止急躁症。留出缓冲期，在一定时间内实行摘帽不摘政策。实现脱贫到人，脱没脱贫要同群众一起算账，要群众认账，解决好"如何退"的问题。

党的十八大之后，在中央的统一部署推动下，国家扶贫体制机制不断完善，扶贫资金投入不断加大，脱贫攻坚支撑保障体系日益强化，贫困地区和贫困人口生产生活条件显著改善，脱贫攻坚战取得决定性进展。党的十八大之后的五年间，我国农村累计减贫 6853 万人，年均减贫 1370 万人，贫困发生率从 2012 年年末的 10.2% 下降到 2017 年年末的 3.1%，其中有 17 个省份贫困发生率下降到 3% 以下。① 经过几年的努力，现行标准下的贫困人口减少了近 70%。

党的十九大之后，打赢脱贫攻坚战的压力降低，我国脱贫攻坚进入提高脱贫质量的新阶段。2018 年发布的《中共中央 国务院关于打赢脱贫攻坚战三年行动的指导意见》强调，把提高脱贫质量放在首位，以更有力的行动、更扎实的工作，集中力量攻克贫困的难中之难、坚中之坚。自此，脱贫攻坚战从注重全面推进帮扶向更加注重深度贫困地区攻坚转变，从注重减贫速度向更加注重脱贫质量转变，从注重找准帮扶对象向更加注重精准帮扶稳定脱贫转变，从注重外部帮扶向注重外部帮扶与激发内生动力并重转变，从开发式扶贫为主向开发式与保障性扶贫并重转变。② 同时，将巩固脱贫成效、防止返贫摆在更为突出的位置，成为党的十九大以来脱贫攻坚战的新特点。

2019 年 4 月，习近平总书记在重庆主持召开解决"两不愁三保障"突出问题座谈会时强调，脱贫既要看数量，更要看质量。要严把贫困退出关，严格执行退出的标准和程序，确保脱真贫、真脱贫。要把防止返贫摆在重要位置，适时组织对脱贫人口开展"回头看"。要探索建立稳定脱

① 国家统计局：《扶贫开发成就举世瞩目 脱贫攻坚取得决定性进展——改革开放 40 年经济社会成就系列报告之五》，2018 年 9 月 3 日，见 http://www.stats.gov.cn/ztjc/ztfx/ggkf40n/201809/t20180903_1620407.html。

② 《五年来累计减贫超六千六百万人 脱贫攻坚更加注重提升质量》，《人民日报》2018 年 1 月 6 日。

贫长效机制，强化产业扶贫，组织消费扶贫，加大培训力度，促进转移就业，让贫困群众有稳定的工作岗位。要做好易地扶贫搬迁后续帮扶。要加强扶贫同扶志扶智相结合，让脱贫具有可持续的内生动力。①

（二）脱贫攻坚经验与发展趋势

我国脱贫攻坚战成绩瞩目得益于国家对贫困的有效治理。党的十八大以来，全党全国全社会协力攻坚，扶贫体制机制不断创新，农村贫困治理实践的综合性、精准性等特征日益明显，政府主导、社会广泛参与、群众主体的贫困治理格局不断完善。脱贫攻坚贫困治理新方略为新时代中国扶贫研究提供了丰富材料。特别是在 2017 年 2 月 21 日习近平总书记主持中央政治局集体学习时把我国脱贫攻坚概括为"加强领导是根本、把握精准是要义、增加投入是保障、各方参与是合力、群众参与是基础"之后②，各界对脱贫攻坚经验展开了广泛而深入的讨论。

从扶贫的理念上看，我国脱贫攻坚战全过程秉承了以人民为中心发展理念、开放包容性发展理念、以改善民生为中心的发展理念和人民共享的治理理念等多种理念。③坚持根据国情建立完善扶贫战略政策体系，坚持开发式扶贫方针，坚持政府主导、层次分明的扶贫战略，坚持实施少数民族地区扶贫战略，坚持实施区域性扶贫战略，坚持开放共享的扶

---

① 《习近平在重庆考察并主持召开解决"两不愁三保障"突出问题座谈会》，2019 年 4 月 17 日，新华网，http://www.xinhuanet.com/politics/leaders/2019-04/17/c_1124379968.htm。

② 《习近平主持中央政治局集体学习强调　更好推进精准扶贫精准脱贫》，《人民日报海外版》2017 年 2 月 23 日。

③ 蔡昉：《穷人的经济学——中国扶贫理念、实践及其全球共享》，《世界经济与政治》2018 年第 10 期。左停、徐卫周：《改革开放四十年中国反贫困的经验与启示》，《新疆师范大学学报》（哲学社会科学版）2019 年第 3 期。庄天慧、张海霞：《开放包容：新中国70 年贫困治理的经验和逻辑》，《西南民族大学学报》（人文社会科学版）2019 年第 11 期。

贫战略。①

脱贫攻坚战离不开领导组织和保障，政府主导是我国扶贫开发的重要特点，脱贫攻坚战更是将国家力量主导推向了新的高度，形成了行政治理扶贫的宝贵经验，如将扶贫目标转化为政治议程和国家战略自上而下推进②，强化横向党政与纵向央地之间的组织保障③，注重中央顶层设计与地方实践创新的结合，扶贫开发制度与社会保障制度的结合，生产发展制度与生态保护制度的结合，外部帮扶与自主脱贫的结合。④

脱贫攻坚政策强调经济发展带动减贫。改革开放后，经济建设成为党和国家的中心工作。农村贫困治理实施以经济发展为导向的扶贫战略，通过开发贫困地区资源，促进经济增长，带动贫困人口增收脱贫。建立以家庭联产承包责任制为核心的农村经济制度，不仅使农村土地资源相对平等配置给农户，也使农民土地使用权利得到有效保障。农村资源的公平分配，使得大部分农民通过土地资源开发参与地区经济的发展进程。以打破城乡户籍制度制约为重点的社会制度改革，使大规模的农业剩余劳动力得以流入城镇从事二三产业，共享经济高速发展红利，实现收入快速增长⑤。

脱贫攻坚注重循序渐进与因地制宜。我国农村贫困干预基于不同发展

---

① 黄承伟：《中国扶贫开发道路研究：评述与展望》，《中国农业大学学报》（社会科学版）2016年第5期。

② 许汉泽、李小云：《"行政治理扶贫"与反贫困的中国方案——回应吴新叶教授》，《探索与争鸣》2019年第3期。

③ 孙德超、周媛媛、胡灿美：《70年"中国式减贫"的基本经验、面临挑战及前景展望——基于主体—内容—方式的三维视角》，《社会科学》2019年第9期。

④ 向德平、华汛子：《改革开放四十年中国贫困治理的历程、经验与前瞻》，《新疆师范大学学报》（哲学社会科学版）2019年第2期。

⑤ 蔡昉：《穷人的经济学——中国扶贫理念、实践及其全球共享》，《世界经济与政治》2018年第10期。

阶段的财力和贫困分布特点，制定符合当时条件的扶贫标准和减贫措施，循序渐进推进。① 同时，我国贫困治理注重贫困现象的差异性，根据不同致贫原因，因人因户因村分类施策。实施了"中央统筹、省负总责、市县抓落实"管理体制，中央负责统筹制定扶贫开发大政方针，出台重大政策举措，地方政府根据自身贫困状况因地制宜细化中央扶贫政策。

从扶贫事业发展趋势来看，2020 年我国将全面建成小康社会，扶贫工作迎来后 2020 年时代。对于 2020 年后构架扶贫战略方向，在官方公布的文件中已有所体现。如 2019 年 10 月底党的十九届四中全会通过的《中共中央关于坚持和完善中国特色社会主义制度　推进国家治理体系和治理能力现代化若干重大问题的决定》中提出坚决打赢脱贫攻坚战，巩固脱贫攻坚成果，建立解决相对贫困的长效机制。2020 年后的扶贫工作更加注重以下几个方面的内容。一是基于转型贫困等新特征，2020 年后的扶贫事业建立城乡统筹或城乡一体化的扶贫开发体系，以城乡贫困人口在基本公共服务方面的一体化，解决城乡分割的扶贫战略中存在的"真空地带"②；二是更加注重社会保障制度在扶贫战略中的地位和作用，对城乡社会保障进行整合，推进社会保障制度与扶贫开发制度全面衔接，发挥社会保障制度在扶贫长效机制中的基础性作用，以开发式扶贫提升一般贫困人口向上流动的能力，以精准扶贫解除特殊困难贫困人口的特殊困境③；三

---

① 王小林：《改革开放 40 年：全球贫困治理视角下的中国实践》，《社会科学战线》2018 年第 5 期。

② 汪三贵、曾小溪：《后 2020 贫困问题初探》，《河海大学学报》2018 年第 2 期。李小云、许汉泽：《2020 年后扶贫工作的若干思考》，《国家行政学院学报》2018 年第 1 期。陈志钢等：《中国扶贫现状与演进以及 2020 年后的扶贫愿景和战略重点》，《中国农村经济》2019 年第 1 期。

③ 郑秉文：《"后 2020"时期建立稳定脱贫长效机制的思考》，《宏观经济管理》2019 年第 9 期。陈志钢等：《中国扶贫现状与演进以及 2020 年后的扶贫愿景和战略重点》，《中国农村经济》2019 年第 1 期。

是探索长期可持续扶贫战略，以解决相对贫困问题为重点，注重精神扶贫，加强社会参与，将绿色发展理念整体融入精准扶贫。①

二、中国特色社会主义新时代与乡村振兴战略

中国特色社会主义进入新时代是党的十九大从党和国家事业发展全局、从改革开放 40 年历程和党的十八大以来 5 年取得的历史性成就和历史性变革的方位上作出的科学判断。进入新时代的主要依据：一是改革开放以来特别是党的十八大以来，我国社会主义事业取得了全方位、开创性的成就。脱贫攻坚战取得决定性进展等诸多伟大成就，使得我国社会主义建设发生了深层次、根本性的历史变革，国家发展站在了新的历史起点上。二是我国社会主要矛盾发生了根本性转变，由人民日益增长的物质文化需要和落后社会生产力之间的矛盾，转化为人民日益增长的美好生活需要和不平衡不充分的发展之间的矛盾。②

"我国发展最大的不平衡是城乡发展不平衡，最大的不充分是农村发展不充分。"③ 实施乡村振兴战略是新时代"三农"工作的总抓手，是实现"两个一百年"奋斗目标和中华民族伟大复兴中国梦的必然要求，具有重大的现实意义和深远历史意义。党的十九大提出实施乡村振兴战略，提出坚持农业农村优先发展的总方针，按照产业兴旺、生态宜居、乡风文明、治理有效、生活富裕的总要求，通过建立健全城乡融合发展体制机制和政策体系提供制度保障，实现加快农业农村现代化的总目标。2018 年 1 月，

---

① 蔡昉：《穷人的经济学——中国扶贫理念、实践及其全球共享》，《世界经济与政治》2018 年第 10 期。孙久文、李星：《攻坚深度贫困与 2020 年后扶贫战略研究》，《人民论坛》2019 年第 9 期。

② 《为什么说中国特色社会主义进入"新时代"？》，2018 年 1 月 19 日，见 http://theory.people.com.cn/n1/2018/0119/c40531-29775433.html。

③ 习近平：《把乡村振兴战略作为新时代"三农"工作总抓手》，《求是》2019 年第 11 期。

国务院发布《中共中央 国务院关于实施乡村振兴战略的意见》，强调实施乡村振兴战略是党的十九大作出的重大决策部署，是决胜全面建成小康社会、全面建设社会主义现代化国家的重大历史任务。实施乡村振兴战略的总体目标是：到 2020 年，乡村振兴取得重要进展，制度框架和政策体系基本形成；到 2035 年，乡村振兴取得决定性进展，农业农村现代化基本实现。

2018 年 9 月，国务院发布《国家乡村振兴战略规划（2018—2022 年）》（以下简称《规划》），标志着乡村振兴战略进入全面实施阶段。《规划》确定到 2020 年全面建成小康社会和 2022 年召开党的二十大时乡村振兴的目标任务，要求准确聚焦阶段任务，加快补齐农业现代化和乡村建设的短板，加快城乡融合发展制度设计和政策创新，推动城乡公共资源均衡配置和基本公共服务均等化，推进乡村治理体系和治理能力现代化。《规划》明确提出要梯次推进乡村振兴，不同地区、不同发展阶段的乡村有序实现农业现代化，即东部沿海发达地区、人口净流入城市的郊区、集体经济实力强以及其他具备条件的乡村，到 2022 年率先实现农业农村现代化；中小城市和小城镇周边以及广大平原、丘陵地区的乡村，到 2035 年基本实现农业农村现代化；革命老区、民族地区、边疆地区、集中连片特困地区的乡村，到 2050 年实现农业农村现代化。

乡村振兴必须走城乡融合发展之路。当前乡村发展面临农业生产要素高速非农化、农村社会主体过快老弱化、村庄建设用地日益空废化、农村水土环境严重污损化和乡村贫困片区深度贫困化等难题。城乡融合与乡村振兴战略相辅相成，乡村振兴要创建乡村融合体制机制。[①] 具体来看，城乡融合发展要以边远村落和贫困群体为关注重点，以"人、地、钱"三个

---

① 刘彦随：《中国新时代城乡融合与乡村振兴》，《地理学报》2018 年第 4 期。

关键，促进乡村人口和农业从业人员占比下降、结构优化，建立乡村振兴用地保障机制以及各类资金向农业农村流动的体制机制。① 同时注重乡村的差异性，激活市场、经营主体、土地、劳动力、资本、技术等要素，推进实施农民主体、政府主导、企业引领、科技支撑、社会参与的"五位一体"协同路径。②

乡村振兴要充分激发乡村现有人才活力，彰显农民的主体性。当前我国仍处于快速城镇化进程中，农户也出现了分化，青壮年进城务工、老人留守的小农户是农村的大多数。一方面由于在资本化发展和行政化主导下，农民很容易失去主导权，实施乡村振兴战略要坚守的不是"去小农化"，而是在辨识乡村振兴的引领者、参与者与侵蚀者的基础上，引导返乡农民等乡村人才以合作社、家庭农场等新型经营主体形式，促进小农户与现代农业、小农户与国家的对接③；另一方面，乡村是农民的基本保障，要着力解决好农村和农民基本生产生活保障的问题。④

三、脱贫攻坚与乡村振兴战略的衔接

《规划》强调，把打好脱贫攻坚战作为实施乡村振兴战略的优先任务，推动脱贫攻坚与乡村振兴的有机衔接、相互促进。推进脱贫攻坚与乡村振兴衔接，乡村振兴战略可以借鉴脱贫攻坚的有效经验，脱贫攻坚战能利用

① 叶兴庆：《新时代中国乡村振兴战略论纲》，《改革》2018 年第 1 期。
② 黄祖辉：《准确把握中国乡村振兴战略》，《中国农村经济》2018 年第 4 期。
③ 叶敬忠：《乡村振兴战略：历史沿循、总体布局与路径省思》，《华南师范大学学报》(社会科学版) 2018 年第 2 期。刘祖云、姜姝：《"城归"：乡村振兴中"人的回归"》，《农业经济问题》2019 年第 2 期。姜云长：《实施乡村振兴战略需要努力规避的几种倾向》，《农业经济问题》2018 年第 1 期。熊万胜、刘炳辉：《乡村振兴视野下的"李昌平—贺雪峰争论"》，《探索与争鸣》2017 年第 12 期。
④ 贺雪峰：《关于实施乡村振兴战略的几个问题》，《南京农业大学学报》(社会科学版) 2018 年第 3 期。

实施乡村振兴战略实现脱贫成果的巩固和提升。[①] 具体的实践逻辑表现为，脱贫攻坚弥补了乡村振兴的短板，而乡村振兴和城乡融合发展强化了脱贫攻坚的内生能力，降低了扶贫制度费用，以及在产业脱贫和精准扶贫上提供长效动力。[②]

脱贫攻坚与乡村振兴衔接涉及体制机制、政策落实等多方面。在时段上坚持有序推进，在 2020 年前以脱贫攻坚夯实乡村振兴，在 2020 年后以乡村振兴引领脱贫攻坚；[③] 在内容上，做好产业扶贫政策与产业布局规划衔接，推进产业扶贫向产业振兴的优化升级，[④] 乡村振兴应该坚持和借鉴易地扶贫搬迁政策与危房改造政策为乡村振兴经验、驻村帮扶经验、义务教育和基本医疗保障经验等。[⑤] 进而形成产业发展的协同、易地扶贫协同、人才振兴协同等多个层面的协同推进。[⑥] 当然，乡村振兴战略的制度框架和政策体系仍在形成之中，相关的政策和制度仍待完善，一些地方对脱贫攻坚与乡村振兴衔接的实践探索也存在不少问题。如体制机制衔接不畅、产业发展升级困难和内生动力难以激发等问题。[⑦] 一些地方政府出现思想认识刻板，工作开展片面化，资源配置"碎片化"，绩效评估结果化等倾

[①] 豆书龙、叶敬忠：《乡村振兴与脱贫攻坚的有机衔接及其机制构建》，《改革》2019年第 1 期。

[②] 庄天慧、孙锦杨、杨浩：《精准脱贫与乡村振兴的内在逻辑及有机衔接路径研究》，《西南民族大学学报》（人文社会科学版）2018 年第 12 期。

[③] 张琦：《稳步推进脱贫攻坚与乡村振兴有效衔接》，《人民论坛》2019 年第 S1 期。

[④] 左停、刘文婧、李博：《梯度推进与优化升级：脱贫攻坚与乡村振兴有效衔接研究》，《华中农业大学学报》（社会科学版）2019 年第 5 期。

[⑤] 汪三贵、冯紫曦：《脱贫攻坚与乡村振兴有机衔接：逻辑关系、内涵与重点内容》，《南京农业大学学报》（社会科学版）2019 年第 5 期。

[⑥] 边慧敏、张玮、徐蕾：《连片特困地区脱贫攻坚与乡村振兴协同发展研究》，《农村经济》2019 年第 4 期。

[⑦] 豆书龙、叶敬忠：《乡村振兴与脱贫攻坚的有机衔接及其机制构建》，《改革》2019年第 1 期。

向性问题。① 不管是制度体系的不足，还是地方政府出现的问题，都需要通过进一步加强研究加以解决。

第二节 研究基层案例的意义

从基层实践角度开展脱贫攻坚与乡村振兴衔接的案例研究，具有以下价值与意义。

一、有助于完善和落实乡村振兴的政策与制度

党的十九大提出实施乡村振兴战略，并已经明确了乡村振兴的总体目标、总体方针、总体要求等顶层设计。根据《规划》，到 2020 年，乡村振兴的制度框架和政策体系基本形成，各地区各部门乡村振兴的思路举措得以确立；到 2022 年，乡村振兴的制度框架和政策体系初步健全。这表明，尽管乡村振兴的顶层设计已明确，但乡村振兴的制度框架和政策体系在未来几年仍需要细化完善，各地区各部门的落实思路与举措仍未完全确立。从基层视角开展脱贫攻坚与乡村振兴衔接案例研究，总结脱贫攻坚与乡村振兴衔接的基层治理经验，有助于促进乡村振兴政策与制度体系的完善与落实。如在乡村治理有效上，本书选取的隆坝村促进乡村产业融合发展的实践案例显示，在产业领域的治理上，村庄完全依靠"第一书记"和村干部推动乡村产业融合，缺少具有市场经验与技术的专业大户或其他市场主体参与，很难实现村庄的产业融合与可持续发展。

---

① 郑瑞强、赖运生、胡迎燕：《深度贫困地区乡村振兴与精准扶贫协同推进策略优化研究》，《农林经济管理学报》2018 年第 6 期。

二、为其他地区促进脱贫攻坚与乡村振兴衔接提供借鉴与启发

本书描述的 9 个案例贫困村资源条件和发展程度差异较大。有的村庄资源条件非常差，有的村庄生态十分脆弱，有的村庄属于边疆地区，有的是少数民族村落。这些贫困村在某些领域探索脱贫攻坚与乡村振兴衔接，有的取得了比较好的经验，对其他村庄具有很好的启示作用。如农干村发展村集体经济的实践案例显示，通过与村内"经济能人"合作，能较好地解决村集体经济实质发展（将村集体经济"限制"在村庄内部）缺少人才的问题，同时也要合理制定村集体经济管理人员（村民合作社管理人员）激励机制（而不仅是以考核强化责任），增强其积极性、主动性。三百村代管养殖的实践案例表明，小农户与农业企业的产业分工合作能很好地发挥企业的市场优势和小农户的劳力与资源优势，进而实现小农户与现代农业的有机衔接。同时，现代农业的资金和技术双密集型特点，要求小农户在合作中要有远大于传统农业需求的生产资金投入。

三、为建立贫困村长效脱贫机制提供经验启示

实现长效脱贫是脱贫攻坚的根本目的。贫困村形成内源性发展是建立长效脱贫机制的核心内容。2012 年 12 月，习近平总书记在河北省阜平县考察扶贫开发工作时就深刻指出："贫困地区发展要靠内生动力，如果凭空救济出一个新村，简单改变村容村貌，内在活力不行，劳动力不能回流，没有经济上的持续来源，这个地方下一步发展还是有问题。一个地方必须有产业，有劳动力，内外结合才能发展。"① 激发贫困村和贫困人口内生发展动

---

① 习近平：《做焦裕禄式的县委书记》，中央文献出版社 2015 年版，第 17、18 页。

力，是实现贫困村长效脱贫的根本举措。本书通过对贫困村内源性扶贫实践案例的分析与总结，为其他村庄建立长效脱贫机制提供了经验与启示。如海雀村的生态建设促进人居环境改善的实践案例表明，村庄内源性发展进而实现长效脱贫，需要基层组织和干部（如文朝荣老支书）的引领示范带动，从而激发村庄的内生动力，甚至形成凝聚村庄的内在发展精神（文朝荣精神）。这种内生动力和内在发展精神，不仅能有效动员村庄各类资源，提高脱贫攻坚效率，而且也能为脱贫攻坚后村庄的发展提供动力源。

四、为乡村治理现代化提供有益探索

乡村治理现代化是国家治理体系和治理能力的重要组成部分。《中共中央关于坚持和完善中国特色社会主义制度　推进国家治理体系和治理能力现代化若干重大问题的决定》提出构建基层社会治理新格局，强调推动社会治理和服务重心向基层下移，把更多资源下沉到基层，更好提供精准化、精细化服务。2019 年 6 月中共中央办公厅、国务院办公厅印发的《关于加强和改进乡村治理的指导意见》，将提升乡镇和村为农服务能力作为推进乡村治理体系和治理能力现代化的重要任务之一，强调大力推进农村社区综合服务设施建设，引导管理服务向农村基层延伸。乡村治理是脱贫攻坚与乡村振兴衔接的重要领域。本书探讨的贫困村在公共服务、文化服务等领域的治理属于乡村社会治理重心下移和乡村治理现代化的范畴，为乡村治理现代化提供了有益探索。如合寨村政府与村庄合力供给公共服务实践案例显示，以村级公共服务中心为平台，可实现乡村治理向村级延伸以及村庄治理的职能化；同时，村级公共文化服务的持续、高质量供给需要基层政府与村庄在资源上形成合力，这就要求村庄具有稳定的、相当数量的村集体经济收入。

第二章

产业兴旺：脱贫攻坚与乡村振兴的产业衔接

习近平总书记指出："好日子是通过辛勤劳动得到的。发展产业是实现脱贫的根本之策。要因地制宜，把培育产业作为推动脱贫攻坚的根本出路。"① "乡村振兴要靠产业，产业发展要有特色，要走出一条人无我有、科学发展、符合自身实际的道路。"② 可见，发展好产业是脱贫攻坚的根本之策，也是乡村振兴的前提条件。产业兴旺是脱贫攻坚与乡村振兴战略衔接的重要内容。

第一节　产业衔接的背景

农业是立国之本。我国是农业大国，但并非农业强国。我国耕地资源十分有限，耕地占全世界的 7%，但人口却占 20%，人地矛盾十分突出。在不平衡的城乡关系发展历程中，我国农业长期服务于城市和工业发展，自身发展受到多方面的制约。计划经济时期，工业是全国经济建设的重中之重，成为优先发展的对象。中央实施了工业化与农业集体化并进、工业化与农业机械化并举的两大措施。③ 为了保证快速实现工业化，国家采取

---

① 《习近平在宁夏考察时强调　解放思想真抓实干奋力前进　确保与全国同步建成全面小康社会》，2016 年 7 月 20 日，见 http://www.xinhuanet.com/politics/2016-07/20/c_1119252332.htm。

② 《习近平：贯彻党中央精神不是喊口号》，2018 年 4 月 13 日，见 http://www.xinhuanet.com/politics/2018-04/13/c_1122679763.htm。

③ 高伯文：《改革开放前党对工业化与"三农"问题关系的认识与启示》，《中共福建省委党校学报》2010 年第 1 期。

农业合作化道路，通过统购统销、价格剪刀差等方式从农业抽取剩余，为工业化建设提供积累，致使农业与工业的矛盾加深。根据专家测算，到1978 年国家从农业中汲取的积累达到 6000 亿元或 8000 亿元以上。[①]农村人口人均全年纯收入 1954 年为 64.1 元，1965 年为 107.2 元，1978 年为133.57 元，年均增加 2 元。[②]农村普遍贫困，有 2.5 亿农村人口生活在贫困线之下，许多贫困地区的生产队连进行简单再生产都很困难，变成了"吃粮靠返销，生活靠救济，生产靠贷款"的"三靠"生产队。[③]

改革开放后，我国农村普遍实施了以家庭联产承包责任制为核心的系列经济制度改革，农业生产自主权回到农户手中，极大地调动了农民生产的积极性，农业产量大幅增加，全国 1.25 亿农民解决了温饱问题。发展乡镇企业和城乡流动限制松动，农业通过农民提供廉价劳动力和乡村资源（资金和土地等）来支持工业化成为主体。[④]农业劳动力和乡村资源流向城市和工业，推动经济持续发展，同时城乡居民收入差距迅速扩大，农业和农村问题日益凸显。进入新世纪，我国工业化发展步入中期阶段，带动了农业和农村发展进入"以工促农、以城带乡"统筹城乡发展新时期。2004 年10 月，在党的十六届四中全会上，胡锦涛指出："纵观一些工业化国家发展的历程，在工业化初始阶段，农业支持工业，为工业提供积累是带有普遍性的趋向；但在工业化达到相当程度以后，工业反哺农业、城市支持农村，实现工业与农业、城市与农村协调发展，也是带有普遍性的趋向。"[⑤]

---

① 陈锡文：《中国农村公共财政制度》，中国发展出版社 2005 年版，第 3 页。

② 国家统计局农村社会经济统计司：《中国农村统计年鉴（1989）》，中国统计出版社1989 年版。

③ 武力：《论改革开放以来中国城乡关系的两次转变》，《教学与研究》2008 年第 10 期。

④ 同上。

⑤ 陈锡文：《推进社会主义新农村建设》，2015 年 11 月 4 日，见 http://cpc.people.com.cn/GB/47817/3827548.html。

由于中央对工农关系、城乡关系有了新认识，在农业发展上采取了"多予、少取、放活"方针，出台了一系列强农惠农新政策，对农业采取保护性制度。

党的十八大以后，城乡一体化发展持续推进，中央深化发展农业保护政策。建立起以保障粮食安全、促进农业可持续发展为目标，由农民直接补贴、生产支持、价格支持、流动储蓄、灾害救济、基础设施、资源与环境保护以及政府转移支付等各类支出组成，涵盖农业产前、产中、产后各环节和主要利益主体的农民支持保护政策体系。[①] 党的十九大之后，中国特色社会主义进入新时代，中央提出实施乡村振兴战略，强调"三农"问题是关系国计民生的根本性问题，没有农业农村的现代化就没有国家的现代化。从产业角度来看，我国发展不平衡不充分问题在乡村的表现为农产品阶段性供过于求和供给不足并存，需要推动农业的全面升级。乡村振兴"二十字方针"中，产业兴旺是乡村振兴的重点，要夯实农业生产基础，实施质量兴农战略，构建一二三产业融合发展体系，构建农业对外开放格局，促进小农户和现代农业发展有机衔接。

从脱贫攻坚的角度来看，产业扶贫是脱贫的根本之策。通过发展产业开发当地资源，是实现贫困地区经济发展和促进贫困人口增收的重要内容。进入新世纪，产业扶贫作为"一体两翼"扶贫战略[②]的重要"一翼"，通过龙头企业促进贫困地区产业结构调整，培育区域支柱产业，推动贫困地区市场化、工业化、城镇化进程，促进农民脱贫增收。党的

---

① 汤敏：《中国农业补贴政策调整优化问题研究》，《农业经济问题》2017年第12期。

② 2001年我国扶贫资源瞄准开始下沉至贫困村，以贫困村为重点实施了"一体两翼"扶贫战略。"一体"指的是对贫困村实施整村推进综合性扶贫，"两翼"分别是产业化扶贫和劳动力转移培训。具体而言，以实施"整村推进"扶贫规划为切入点，改善贫困地区的生产生活条件；以培训促进劳动力转移为切入点，提高贫困人口素质；以扶持龙头企业为切入点，带动贫困地区调整农业结构。

十八大之后，中央提出精准扶贫精准脱贫方略，将产业扶贫作为"五个一批"脱贫路径首要路径。产业扶贫强调支持贫困村、贫困户因地制宜发展种养业和传统手工业，加强贫困地区农民合作社和龙头企业培育，发挥其对贫困人口的组织带动作用，支持贫困地区发展农产品加工，加快一二三产业融合，深入实施乡村旅游扶贫工程，探索水电利益共享机制等。党的十九大以来，脱贫攻坚将提高脱贫质量和促进贫困人口可持续脱贫作为重点任务。发展产业是贫困地区建立长效脱贫机制和提高脱贫质量的重要方式。产业扶贫在强化传统种养产业扶持时，更加注重扶贫方式的创新机制，积极推进实施电商扶贫、资产收益扶贫等新扶贫方式。

总体来看，改革开放以来农业产业发展始终是农村发展的核心议题，在乡村振兴战略中农业产业兴旺是乡村振兴的重点，在脱贫攻坚中农业发展是贫困地区经济发展和贫困人口持续脱贫的根本之策。产业是脱贫攻坚与乡村振兴共同的重点领域，也是脱贫攻坚与乡村振兴成功衔接的关键。

第二节　产业衔接的政策重点

在产业发展领域，脱贫攻坚政策主要集中产业扶贫，乡村振兴战略主要聚焦加快农业现代化。尽管脱贫攻坚政策与乡村振兴战略在产业发展的对象、目标和要求上不完全一致，但在相关的内容和做法上仍有较高的重合性。下面将结合国家政策文件，分析脱贫攻坚与乡村振兴在产业衔接领域的主要内容。

一、完善农业产业经营体系

农业产业化必须走符合我国国情的发展路子，从壮大农业发展经营主体、发展村集体经济、促进农户与现代农业发展衔接等方面深化改革，不断完善农业产业经营体系。

（一）壮大农业发展经营主体

脱贫攻坚政策强调要壮大和培育贫困地区农业专业合作社、龙头企业、种养大户、家庭农（林）场、股份制农（林）场等新型经营主体；支持各类新型经营主体通过土地托管、土地流转、订单农业、牲畜托养、土地经营权股份合作等方式，与贫困村、贫困户建立稳定的利益联结机制；推进贫困地区农民专业合作社示范社创建，鼓励组建联合社；现代经营农场主培养计划向贫困地区倾斜。

乡村振兴战略强调，实施新型农业经营主体培育工程，培育发展家庭农场，提升农民专业合作社规范化水平，鼓励发展农民专业合作社联合社，鼓励龙头企业等工商资本投资农业产业化、规模化经营项目，与农民形成利益联结共同体。

（二）发展村集体经济

脱贫攻坚政策强调制定贫困地区集体经济薄弱村发展提升计划，通过盘活集体资源、入股或参股、量化资产收益等渠道增加集体经济收入。将发展村集体经济作为产业扶贫的重要内容，把贫困村村集体经济年收入多于或等于5万元作为"十三五"时期贫困地区脱贫的重要指标。推进农村集体资产、集体所有土地等资产资源使用权作价入股，形成集体股权并按比例量化到农村集体经济组织。支持财政扶贫资金、相关涉农资金和社会帮扶资金投入设施农业、养殖、光伏、水电、乡村旅游等项目形成的资产，折股量化到农村集体经济组织，确保持股农村集体经济组织分享资产收益。

乡村振兴战略强调，通过推进农村集体产权制度改革，推动资源变资产、资金变股金、农民变股东，发展多种形式的股份合作。形成和完善农民对集体资产股份的占有、收益、有偿退出及抵押、担保、继承等权能和管理办法。通过制定农村集体经济组织法，充实农村集体产权权能。发挥党组织对集体经济组织的领导核心作用，防止内部少数人控制和外部资本侵占集体资产。

（三）促进农户与现代农业发展衔接

脱贫攻坚政策强调完善新型农业经营主体与贫困户联动发展的利益联结机制，推广股份合作、订单帮扶、生产托管等有效做法，实现贫困户与现代农业发展有机衔接。建立贫困户产业发展指导员制度，明确到户帮扶干部承担产业发展指导职责，帮助贫困户协调解决生产经营中的问题。鼓励各地通过政府购买服务方式向贫困户提供便利高效的农业社会化服务。多渠道拓宽农产品营销渠道，推动批发市场、电商企业、大型超市等市场主体与贫困村建立长期稳定的产销关系，支持供销、邮政及各类企业把服务网点延伸到贫困村，推广以购代捐的扶贫模式，组织开展贫困地区农产品定向直供直销学校、医院、机关食堂和交易市场活动。

乡村振兴战略强调要改善小农户生产设施条件，提高个体农户抵御自然风险能力。统筹兼顾培育新型农业经营主体和扶持小农户，采取有针对性的措施，扶持小农户发展生态农业、设施农业、体验农业、定制农业，把小农生产引入现代农业发展轨道。注重发挥新型农业经营主体的带动作用，发展多样化的联合与合作，提升小农户的组织化程度。鼓励新型经营主体与小农户建立契约型、股权型利益联结机制，带动小农户专业化生产，提高小农户自我发展能力，开展农超对接、农社对接，帮助小农户对接市场，打造区域公共品牌。

二、完善产业利益联结机制

农民是产业发展的主体。产业振兴的最终目的是实现农民富裕。产业扶贫的核心目标是贫困人口增收致富。产业振兴和产业扶贫都需要农民（贫困农户）的参与。完善产业利益联结机制，是促进农民深度参与并分享收益的重要方式。不管是产业振兴还是产业扶贫，都选择了通过创新收益分享模式，健全联农带农有效机制，促进农民（贫困农户）参与产业并分享更多产业融合发展的增值收益。

（一）提高农民参与程度

脱贫攻坚政策鼓励和引导贫困户通过土地承包经营权入股企业、合作社、家庭农（林）场与新型经营主体形成利益共同体。在贫困农户参与能力提升上，强调强化贫困地区基层农业技术推广体系建设。支持农业科研机构、技术推广机构建立互联网信息帮扶平台，向贫困户免费传授技术、提供信息。强化新型职业农民培育，扩大贫困地区培训覆盖面，实施农村实用人才带头人和大学生村官示范培训，加大对脱贫致富带头人、驻村工作队和大学生村官培养力度。对农村贫困家庭劳动力进行农林技术培训，确保有劳动力的贫困户中至少有 1 名成员掌握 1 项实用技术。推行科技特派员制度，实现特派员对贫困村科技服务和创业带动全覆盖，鼓励和支持高等院校、科研院所发挥科技优势，为贫困地区培养科技致富带头人。大力实施边远贫困地区、边疆民族地区和革命老区人才支持计划科技人员专项计划，引导支持科技人员与贫困户结成利益共同体，创办、领办、协办企业和农民专业合作社，带动贫困人口脱贫。

乡村振兴战略强调以农民的资产资源（如土地、林权、资金、劳动力、技术、产品等）作为纽带，促进农民与其他产业主体的合作与联合，组建农民专业合作社联合社。在农村集体组织上，强调充分挖掘集体土地、房屋、设施等资源和资产潜力，通过股份制、合作制、股份合作制、租赁等形式，积极参与产业融合发展。同时，通过社会化服务组织，加强农技指导、信用评价、保险推广、产品销售等服务，为农民参与产业融合发展创造良好条件。

（二）产业收益分享方式

脱贫攻坚政策强调发挥贫困户的资产资源优势，支持各类新型经营主体通过土地托管、土地流转、订单农业、牲畜托养、土地经营权股份合作等方式，与贫困村、贫困户建立稳定的利益联结机制，使贫困户从中直接受益。同时通过以奖代补、扶贫小额贷款等多种方式鼓励和支持贫困农户发展传统种养产业。

乡村振兴战略注重推广"订单收购＋分红""土地流转＋优先雇用＋社会保障""农民入股＋保底收益＋按股分红"等利益联结方式，帮助农民分享加工、销售环节收益。同时，鼓励行业协会或龙头企业与合作社、家庭农场、普通农户等组织共同营销，开展农产品销售推介和品牌运作，让农户更多分享产业链增值收益。鼓励农业产业化龙头企业通过设立风险资金、为农户提供信贷担保、领办或参办农民合作组织等多种形式，与农民建立稳定的订单和契约关系。完善涉农股份合作制企业利润分配机制，明确资本参与利润分配比例上限。

（三）政策扶持与引导

脱贫攻坚政策支持贫困县整合财政涉农资金发展特色产业。在不改变用途的情况下，财政专项扶贫资金和其他涉农资金投入设施农业、养殖、光伏、水电、乡村旅游等项目形成的资产，具备条件的可折股量化给贫困村和贫困户，尤其是丧失劳动能力的贫困户。规范和加强监督管理工作，明确资产运营方对财政资金形成资产的保值增值责任，建立健全收益分配机制，确保资产收益及时回馈持股贫困户。

乡村振兴战略强调发挥政府扶持资金作用，以龙头企业、合作组织联农带农激励机制为重点，探索将新型农业经营主体带动农户数量和成效作为安排财政支持资金的重要参考依据。强调以土地、林权为基础的各种形式合作，凡是享受财政投入或政策支持的承包经营者均应成为股东方。鼓励将符合条件的财政资金特别是扶贫资金量化到农村集体经济组织和农户后，以自愿入股方式投入新型农业经营主体，对农户土地经营权入股部分采取特殊保护，探索实行农民负盈不负亏的分配机制。

三、促进农村产业深度融合

一二三产业融合发展是农业产业现代化发展的重要特点，也是包括贫困人口通过农业增收致富的重要支撑。

（一）发掘乡村产业新功能和新价值

脱贫攻坚政策强调实施贫困村"一村一品"产业推进行动，扶持建设一批贫困人口参与度高的特色农业基地。支持贫困地区发展农产品特色加工业，加快一二三产业融合发展，让贫困户更多分享农业全产业链和价值链增值收益。加大对贫困地区农产品品牌推介营销支持力度。依托贫困地区特有的自然人文资源，深入实施乡村旅游扶贫工程。

乡村振兴战略强调顺应城乡居民消费升级趋势，结合农村各地的区位和资源禀赋，发掘农业农村在生态、休闲观光、文化体验、健康养老等领域的多重功能和价值，在尊重市场规律的前提下，推动乡村资源全域化整合、多元化增值、地方产品和服务的特色化，进而形成新的消费热点，增加乡村生态产品和服务供给。在具体措施上，实施农产品加工提升行动，通过综合利用关键技术研究与示范，推动乡村初加工、精深加工、综合利用加工和主食加工发展，促进农产品多层次、多环节转化增值。

（二）培育乡村产业新业态

脱贫攻坚政策强调优先在贫困县建设农村电商扶贫服务站点，推进电商进农村综合示范项目。动员大型电商企业和电商强县对口帮扶贫困县，推进电商扶贫网络频道建设。改善农村电商发展环境，推进"快递下乡"工程，完善贫困地区物流配送体系，支持特色优势农产品生产基地冷链设施建设。推动邮政与快递、交通运输企业在农村地区扩展合作范围、合作领域和服务内容。推进适应电商的农产品质量标准体系和可追溯体系建设以及分等分级、包装运输标准制定和应用。因地制宜发展乡村旅游，建立乡村旅游扶贫工程重点村名录，推进旅游基础设施建设，实施乡村旅游"后备箱"工程、旅游基础设施建设提升工程等一批旅游扶贫重点工程。

乡村振兴战略强调大力实施电子商务进农村综合示范工程，建设农村电子商务发展基础设施。鼓励支持各类市场主体创新发展基于互联网的新型农业模式，建立健全适应农产品电商发展的标准体系。推进农村流通现代化，积极培育农业现代供应链主体，支持发展农商互联，密切产销衔接，发展农超、农社、农企、农校等产销对接的新型流通业态。实施休闲农业和乡村旅游精品工程，建设设施完备、功能多样的休闲观光园区、森林人家、康养基地、乡村民宿、特色小镇，发展乡村共享经济等新业态。增强农业生产性服务业对现代农业产业链的引领支撑作用，不断完善新型农业社会化服务体系。规范农业农村新业态产业发展行政审批事项，加强事中事后监管的管理办法，优化农村消费环境、消费结构，提升消费层次。

（三）产业融合的载体和方式

脱贫攻坚政策注重从产业功能扩展、产业链延长等角度促进农村产业融合，提出通过壮大新产业、新业态，推进农业与旅游、文化、健康养老等产业深度融合，来加快形成农村一二三产业融合发展的农村现代产业体系。积极发展特色农产品加工企业，鼓励地方扩大贫困地区农产品产地初加工补助政策实施区域，加强农产品加工技术研发、引进、示范和推广。引导农产品加工业向贫困地区县域、重点乡镇和产业园区集中，打造产业集群。支持农业集体经济组织、新型经营主体、企业、合作社开展原料基地、农产品加工、营销平台等生产流通设施建设，鼓励贫困地区因地制宜发展产业园区，以发展劳动密集型项目为主，带动当地贫困人口就地就近就业。

乡村振兴战略在产业融合平台上强调依托现代农业产业园、农业科技园区、农产品加工园、农村产业融合示范园等，来打造农村产业融合发展的平台，促进农业内部融合、延伸农业产业链、拓展农业多功能、发展农业新型业态等多模式融合发展。在产业融合内容上突出农商产业联盟、农业产业化联合体等新型产业链主体作用，打造产加销一体的全产业链企业群。注重"农字号"特色小镇在推动产业融合发展方面的作用，提出农村产业发展与新型城镇化相结合。

从内容上看，脱贫攻坚和乡村振兴战略都注重通过壮大发展农业经营主体、发展村集体经济来提升农业产业经营能力，通过促进农户与现代农业发展衔接来完善农业经营体系，通过发掘产业新功能、培育新业态和创新产业融合载体来深化产业融合，通过完善利益分享机制和强化政策扶持，提高农民参与度。

在农业产业以上方面，脱贫攻坚与乡村振兴具有高度的重合性，相关措施既是促进产业兴旺的重要举措，也是实施产业扶贫、产业带贫的重点措施。贫困地区的产业兴旺是实现产业带贫的基础和前提，而促进农村贫困人口可持续脱贫又是脱贫攻坚期内贫困地区产业振兴的首要任务。贫困地区脱贫攻坚与乡村振兴战略的产业衔接，就是通过各类促进产业振兴的方式和举措，以产业振兴带动贫困人口持续脱贫。下面将从产业融合、农户与现代农业发展有机衔接、发展村集体经济等领域，以三个贫困村（隆坝村、三百村、农干村）的产业实践探索为案例，探讨脱贫攻坚与乡村振兴战略在产业领域衔接的实践过程、成效、经验与启示。

第三节　隆坝村：乡村产业融合发展的案例与启示

一、农村一二三产业融合发展

农村产业融合是农业产业化和现代化发展的新路径，是缓解农村资源环境的刚性约束和农村经济转型的必然要求。[1]一般而言，农村产业融合是指农村一二三产业融合发展。日本学者今村奈良臣指出，推进与农业相关的一二三产业融合，支持农户多种经营，从事种养业，延伸至农产品加工和农产品流通、销售及观光旅游等二三产业，能提升农产品附加值和

---

[1]　何立胜、李世新：《产业融合与农业发展》，《晋阳学刊》2005 年第 1 期。汤洪俊、朱宗友：《农村一二三产业融合发展的若干思考》，《宏观经济管理》2017 年第 8 期。王乐君、寇广增：《促进农村一二三产业融合发展的若干思考》，《农业经济问题》2017 年第 6 期。

农民收入。① 农村产业融合发展是以农业为依托或基础，以新型农业经济主体为引领，以利益联结为纽带，通过产业链延伸、产业功能脱贫和要素聚集，跨界集约配置资本、技术和资源要素，促进农业生产、产品加工流通、农资生产销售和休闲旅游等服务业有机整合、紧密相连的过程，借此推进各产业协调发展和农业竞争力的提升，最终实现农业现代化、繁荣农村和农民增收。② 也有学者从新业态的角度来概括农村产业融合，认为农村产业融合是农业内部各部门之间、农业与农村第二产业与第三产业之间通过融合渗透、交叉重组等方式形成新产业新业态模式的新型农业组织方式和过程，融合是关键和核心，促进农业高质量发展、农民福祉持续增加是根本目的。③

　　2015 年中央发布的一号文件《关于加大改革创新力度加快农业现代化建设的若干意见》强调，推进农村一二三产业融合发展，必须延长农业产业链，提高农业附加值，大力发展特色种养业、农产品加工业、农村服务业，同时积极开发农业多种功能，挖掘乡村生态休闲、旅游观光、文化教育价值。④ 2016 年中央一号文件《中共中央 国务院关于落实发展新理念加快农业现代化　实现全面小康目标的若干意见》进一步细化了农村产业融合发展的内容和举措，提出要推动农产品加工业转型升级，加强农产品流通设施和市场建设，大力发展休闲农业和乡村旅游，完善农业产业链

---

① ［日］今村奈良臣：《把第六次产业的创造作为 21 世纪农业产业》，《月刊地域制作》1996 年第 1 期。

② 国家发展改革委宏观院和农经司课题组：《推进我国农村一二三产业融合发展问题研究》，《经济研究参考》2016 年第 4 期。

③ 肖卫东、杜志雄：《农村一二三产业融合：内涵要解、发展现状与未来思路》，《西北农林科技大学学报》（社会科学版）2019 年第 6 期。

④ 《关于加大改革创新力度加快农业现代化建设的若干意见》，2015 年 2 月 2 日，见 http://jiuban.moa.gov.cn/zwllm/zcfg/flfg/201502/t20150201_4378321.htm。

和农民的利益联结机制。[①] 可见，不管是学界还是官方文件，均认为农村产业融合发展存在两个方向，即一方面通过以发展特色产业为内容，延长产业链条，实施产供销一条龙的农业产业纵向一体化融合发展；另一方面，以增加农业非农功能为内容，提升农业价值链，挖掘农业在生态、旅游观光、文化教育等新业态，实现农业的横向一体化融合发展。

我国农村地区幅员辽阔、各地区差异大。当前农村和农民高度分化，具有区位条件和旅游资源条件，发展新业态农业赚城市人"乡愁"钱的农村比例很低。[②] 贫困村产业融合发展需要通过特色产业的纵向一体化发展实现产业融合。本节将以国家扶贫开发工作重点县广西壮族自治区都安县隆坝村（深度贫困村）实践为例，探讨贫困地区农村产业融合情况。

二、村庄概况及脱贫攻坚举措

（一）村庄基本情况

都安县是国家级贫困县和滇桂黔石漠化片区县。全县 4095 平方千米的总面积中，石山面积占比 89%，石山区石峰林立，自然条件差，土地资源匮乏，人地矛盾突出，贫困人口众多。隆坝村位于广西壮族自治区中部偏西，地处都安县西北部石漠化片区。村委驻地距离都安县县城 57 千米，距离下坳镇政府 6 千米。全村辖 17 个村民小组，共 334 户 1431 人，有壮、汉、瑶、苗 4 个民族，少数民族 1131 人，占 79.04%。全村面积 15 平方千米，耕地面积 1330 亩，全部为旱地，没有水田，林地面积 273 亩，

---

① 《中共中央 国务院关于落实发展新理念加快农业现代化 实现全面小康目标的若干意见》，2016 年 1 月 28 日，见 http://www.moa.gov.cn/ztzl/2016zyyhwj/2016zyyhwj/201601/t20160129_5002063.htm。

② 贺雪峰：《关于实施乡村振兴战略的几个问题》，《南京农业大学学报》（社会科学版）2018 年第 3 期。

牧草面积 30 亩，农业生产以种植玉米、红薯、黄豆、旱藕等为主。农民收入以外出务工为主，全村劳动力 750 人，外出务工 400 人。全村有建档立卡贫困户 101 户 447 人，2017 年剩余贫困人口 19 户 104 人，贫困发生率为 6.88%。隆坝村贫困的主要原因为自然资源条件差，村庄处于滇桂黔石漠化片区，地形地貌属典型的喀斯特地形地貌，石山面积占到全村总面积的 91.99%，耕地面积仅占全村总面积的 9.01%。

（二）隆坝村发展的制约因素

隆坝村是贫困发生率超过 30% 的深度贫困村。村庄发展和村民脱贫致富面临诸多挑战。就产业扶贫而言，隆坝村产业发展面临自然资源制约、地理区位制约、基础设施制约、人力资源制约等多重制约。

1. 产业扶贫的自然资源制约

隆坝村处于滇桂黔石漠化地区腹地，属于典型的喀斯特地形地貌石山区，境内山大沟深，石山多土地少，素有"九分石头一分土"之称，石山面积占村域总面积超过 90%。村民用于农业产业发展的耕地资源十分匮乏，人均耕地资源为 0.9 亩。隆坝村的耕地中石块与土块交错，石块将土地分割成小块土地，很难找到连片土块的耕地，耕地"碎片化"现象突出。"碗一块瓢一块，丢个草帽盖三块"是隆坝村土地"碎片化"的生动描述。隆坝村的喀斯特地形地貌中，地下构造以易溶性岩石为主，地表的土壤少、土层浅，土地贫瘠。另外，隆坝村气候干旱，地下暗河多，地表水缺乏，农业和生活用水困难，村民农业生产受水资源制约现象突出。受恶劣的自然条件制约，村民多年来已形成了生存型农业生计，即将稀缺的耕地资源用于种植玉米、红薯等耐旱粮食作物。

2. 产业扶贫的地理区位制约

隆坝村地处偏远地区，距离都安县 57 千米，距离河池市政府驻地金城江区 130 多千米，距离南宁市 237 千米。隆坝村远离区域经济增长中心，远离区域发展的市场中心，受到区域经济发展的辐射有限，农民进入区域大市场的交通成本很高。由于地理区位的限制，长期以来隆坝村的农产品主要以乡镇内的市场为主，市场容量小，农产品价格低廉，市场销售渠道有限。通过调查了解到，农民发展产业中最为关心的问题就是农产品销售问题，大多数农民担心市场销售问题，而不愿意探索新的农业产业形式。因地理区位偏远，隆坝村产业扶贫受到市场制约。

3. 产业扶贫的基础设施制约

"要想富，先修路。"道路等基础设施是贫困村产业发展的基础。隆坝村地理位置偏远，又处在大山深处，通村道路绕山而建，道路基础设施修建难度比较大，成本也远高于平原地区。另外，隆坝村 15 平方千米村域内分布了 17 个村民小组，平均每个村民小组不到 20 户，平均每个村民小组不到 100 人。可见村民居住非常分散。村内的通屯（村民小组）建设任务繁重，建设难度也比较大。由于干旱缺水，隆坝村农业用水通过修建蓄水池收集雨水，修建蓄水池也需要较大的资金投入。隆坝村基础设施建设投入比较大，且长期投入不足，基础设施薄弱。因此，基础设施薄弱，对产业发展的制约明显。

4. 产业扶贫的人力资源制约

隆坝村自然条件差，依靠农业生产往往难以实现家庭的增收致富。为提高收入水平和改善生活条件。在城乡社会流动限制日益放宽的背景下，大多数村民选择通过外出务工来增加家庭收入，改善生活条件。全村劳动力 750 人，外出务工 400 人，占比 53.3%。青壮年劳动力基本都外出务工了，留守在家的多是妇女、老人，劳动力素质比较低。因此，隆坝村的村民农业生计逐渐形成了以满足家庭消费需要的生存型生计模式，农业生产以种植玉米、红薯等粮食作物为主。由于大量青壮年劳动力外流，留守劳动力素质较低，村庄人口的空心化、农业生产粗放化，这些都使得隆坝村产业扶贫面临缺乏优质人力资源的挑战。

（三）脱贫攻坚主要举措

党的十八大以来，隆坝村在各级各部门的帮扶下，积极开展基础设施建设、产业扶贫、金融扶贫、易地扶贫搬迁等多种扶贫方式，取得了良好成效。一是在基础设施建设方面，2016 年硬化屯级道路 18.8 千米（其中屯内道路硬化 1.4 千米），全村除 1 个整屯搬迁屯未通路、1 个 5 户以下屯不通硬化路外，其余村屯全部通硬化路，村内屯级道路硬化率达到 96%；改造集中供水点供水设施 1 处，续建集中供水管 1500 米，新建集中供水水柜 4 个，家庭水柜 11 个，农户安全饮水率由 50.68% 提高到 96.11%，农户饮水安全和饮水困难问题得到有效解决；落实易地扶贫搬迁 39 户，使村民住房安全有了保障；大力实施电力、通信基础设施建设，到户通电率由 99.7% 提高到 100%，手机信号覆盖率由 75.63% 提高到 100%，通村网络从无到有（村内有 6 户使用宽带网络）。二是在公共服务设施建设方面，村级公共服务功能稳步提升，新建隆坝小学教学楼 1 栋 1140 平方米，新建村委会公共服务中心 1 栋 160 平方米，新建篮球场、戏台、图书阅览室、儿童家园等公共服务设施一批，新建休闲公园 1 座，安装太阳能路灯 20 盏。三是在特色产业发展方面，成立都安奥隆种养专业合作社，建设养牛场 1 个，积极发展都安县"贷牛还牛"主导产业，2017 年养殖瑶山牛 146 头，其中有劳动能力的脱贫户养殖 56 头，合作社代养 90 头。建设村级旱藕加工厂 1 个，积极动员农户种植旱藕，旱藕种植面积稳定在 120 亩左右（2017 年），加工旱藕淀粉和旱藕粉丝 20 多吨，产值达 80 余万元。通过旱藕种植与加工，带动 45 户 200 余人增收，其中贫困户 13 户 68 人。成立都安龙磊特色农业发展专业合作社，由种植能人"90 后"返乡创业大学生蓝均带领隆坝村龙磊屯全屯 45 户种植两性花毛葡萄 1000 亩以上，打造了龙磊两性花毛葡萄种植示范基地，带动贫困户 31 户 152 人脱贫。

三、旱藕产业融合发展的实践过程

旱藕是一种粗生、无病虫害的淀粉作物，生长在热带山地，含有丰富的钙、磷、铁及 17 种氨基酸、维生素 B、维生素 C。旱藕对土壤肥力等要求不高，所以隆坝村耕地条件比较适合种植。旱藕产业是隆坝村的传统扶贫产业。隆坝村干部在 20 世纪 80 年代就组织村民种植。在旱藕加工上采取以家庭为单位的手工加工方式。由于加工水平低、市场销售难等原因，旱藕产业在 20 世纪 80 年代种植一段时间后，便被大多数村民抛弃。

2014 年实施精准扶贫以来，根据广西壮族自治区"5+2"特色产业发展要求，都安县将旱藕产业作为特色产业进行发展，制定了《都安瑶族自治县扶贫产业旱藕项目实施方案》(以下简称《实施方案》)，计划在"十三五"期间在全县累计种植旱藕面积 10000 亩。在促进旱藕产业融合发展上，《实施方案》提出鼓励专业大户、合作社、协会、个人等积极投资旱藕加工企业，大力培育旱藕龙头加工企业，积极发展"龙头企业 + 合作社 + 基地 + 农户""合作社 + 村委会 + 基地 + 农户"等组织化方式。在激发群众参与旱藕产业发展上，《实施方案》提出采取以奖代补的方式，贫困户新种植旱藕 1 亩以上 2 亩以下，政府按每户 1000 元给予补助（含种苗费）；贫困户新种植旱藕 2 亩以上（含 2 亩），政府按每户 2000 元给予补助。由乡镇人民政府根据项目实施进度向县人民政府提出申请，经核准后将扶贫补助资金扣除种苗费用，直接下拨到自主经营种植贫困户的一卡通账户，贫困户委托或参与合作社（企业）经营种植的，贫困户与合作社完善相关手续后，资金下拨至合作社（企业）。根据《实施方案》的评估，旱藕当年种植当年收益，平均产量 1500 千克／亩，鲜藕价格 1 元／千克，亩产毛收益 1500 元。全县种植 1 万亩，总产值 1500 万元，如再深加工，效益更为客观。

隆坝村属于都安县旱藕产业扶贫推进的重点区域之一。隆坝村地理位置偏远，缺乏相关农业企业进入，村庄旱藕产业扶贫选择的是"合作社＋村委会＋基地＋农户"方式。2016 年上半年，隆坝村"第一书记"及其他村干部到旱藕种植和加工都比较成功的都安县高岭镇考察和学习。考察结束后，隆坝村召开村委会，经会议讨论，决定将旱藕产业作为村庄的支柱产业之一，动员农户大规模种植旱藕。同时，通过争取上级部门资金、自筹资金等多种方式，开办村级旱藕粉加工厂。

2016 年 6 月，隆坝村成立了都安奥隆种养专业合作社，该合作社经营两个产业，旱藕产业是其中之一。在旱藕粉加工厂建设上，隆坝村积极争取县扶贫扶持资金 15 万元，购买了旱藕加工的机器设备，后盾单位（广西壮族自治区统计局）援助资金 15 万元，修建了厂房、公路及工厂的水电设施，村级旱藕粉加工厂初步建成。2017 年，村委动员农户种植旱藕 120 亩，由于当年风调雨顺，旱藕种植大丰收。村委会和合作社共同主导的旱藕粉加工厂以每千克 1 元的价格收购本村农户鲜旱藕 21 万千克，收购成本 21 万元。

隆坝村旱藕粉加工厂的生产流程主要包括清洗—打浆、淀粉和粗砂分离—过滤、蒸粉、晒干、包装等。在各个生产流程中需要相应的劳动工人。在清洗—打浆环节需要 5 人，工作时间为当年 12 月到次年 4 月，每月工作约 20 天，每人每天 80 元。淀粉和粗砂分离—过滤环节，需要 1 人，工作时间为当年 5 月至 11 月，每月工作约 20 天，7 月份休息，每人每天 80 元。蒸粉环节需要 5 人，工作时间为当年 5 月至 11 月，每月工约 20 天，7 月份休息，每人每天 100 元。晒干和包装环节需要 3 人，工作时间为当年 5 月至 11 月，每月工作约 20 天，7 月份休息，每人每天 80 元。根据以上环节用工和成本计算，隆坝村旱藕粉加工厂一个完整生产流程的人工成本为 13.4 万元，能为贫困人口提供 14 个非农就业岗位，提供的人均年收入为 9314.3 元。可见，1 人在隆坝村旱藕粉加工厂做工，可以解决 1 个三口之家的贫困户稳定脱贫。

隆坝村旱藕产业融合发展，既通过组织村民在加工厂务工促进贫困人口稳定脱贫，同时也带动贫困农户种植旱藕实现增收。1 户农户种植 1 亩旱藕，可以得到农业毛收益 1500 元、政府扶贫补助 1000 元（未扣除种苗费），两项合计最大可获得 2500 元的种植毛收益，远高于种植玉米（隆坝村村民种植业以种植玉米为主）的 840 元的毛收益（按亩产约 350 千克，0.6 元 / 千克算）。因而，隆坝村的旱藕产业融合发展彰显了较大的减贫价值和效益。

然而，从产业发展的情况来看，隆坝村旱藕产业融合发展仍面临不可持续的挑战。这个挑战主要体现在市场销售和成本收益上。在市场销售上，隆坝村的旱藕粉因为所生产的旱藕粉外包装无法打上"QS"（企业食品生产许可）标志，产品也就不能在合法渠道（商场、淘宝）销售，市场销售不畅，整年的产品收入只有 10 万元，且库存还有 30 万吨旱藕淀粉无法继续生产，剩余的旱藕粉销售也十分困难。无法标记"QS"是因为隆坝村旱藕粉加工厂经县食品药品监督管理局检验不合格（卫生条件不达标），不予办理食品生产经营许可证，并提出了整改意见。据村干部介绍，此项整改费用初步预算需要 15 万元左右。村委和合作社均没有资金，而获得县扶贫部门或者后盾单位的支持也变得十分渺茫。在运营的成本收益上，隆坝村旱藕粉加工厂也处于亏损状态。2017 年隆坝村旱藕粉加工厂销售旱藕粉获得收入 10 万元，但用于收购鲜旱藕就花费了 21

万元，加上给工人开工资的 13.4 万元，隆坝村旱藕粉加工厂亏损 24.04 万元。这还未考虑水电费、机器磨损费、前期投资及其他相关费用。通过访谈了解到，亏损的 24.04 万元从隆坝村发展村集体经济的 50 万元扶持资金中支出。

四、产业融合案例的组织方式与启示

隆坝村旱藕产业融合发展实践采取了"政府＋村庄政治精英＋合作社＋农户"的产业融合发展推进方式。以村庄政治精英为核心的贫困村社区内部力量主导了产业选择和产业融合路径。具体而言，村庄政治精英（主要是村支书、村主任、"第一书记"）选择发展旱藕产业，并主导建设旱藕粉加工厂，以及旱藕粉的加工和销售等各产业环节。农民通过提供原材料参与其中，政府则提供资金和政策扶持。尽管隆坝村将旱藕作为融合发展产业，符合村庄资源禀赋和比较优势，但是村庄政治精英缺乏旱藕粉加工厂生产经营的管理经验和市场经验。村支书、村主任、"第一书记"在组织生产和产品销售中出现了生产经营不符合政府规定等重大失误，旱藕粉产品市场销售惨淡，产业融合发展陷入不可持续的困境。

缺乏市场经验和管理技术的乡村政治精英很难成为农村产业融合发展的重要推动力量。从当前的产业扶贫实践来看，乡村政治精英已逐步成为乡村产业扶贫的组织者和推动者。乡村政治精英熟悉本村庄的资源禀赋状况，并且具有一定村内部资源配置的权力，以及畅通的政府沟通渠道。政府产业资源下沉到贫困村后，乡村政治精英拥有对该资源最大的配置权。隆坝村旱藕产业融合发展实践表明，在乡村政治精英没有掌握管理技术和市场经验的情况下，由乡村内部的政治精英主导农村产业融合发展，很容易使产业融合和产业发展陷入不可持续的困境。

经过 40 多年的改革开放，农村社会治理尤其是中西部地区的农村社会治理遭遇的最大困境是"缺人"。驻村"第一书记"制度创新一定程度上缓解了乡村社区治理的困境。[①] 干部驻村开展乡村治理逐渐成为村庄层面乡村治理的一种常态化部署。然而，干部驻村治理并不能解决乡村治理中所有问题。在一些乡村发展关键议题如隆坝村的产业发展上，驻村干部和村庄政治精英因缺乏专业的知识往往容易导致产业发展失败。随着脱贫攻坚和乡村振兴战略的深入推进，基层治理尤其是村庄治理的治理任务日益繁重，同时对治理专业化的要求也日益提高。以村庄内部主导的农村产业融合发展模式要取得成功，应将具有丰富市场经验和管理技术的"乡村精英"吸纳到村庄治理结构之中，充分发挥其在市场和管理上的专业能力和丰富经验，促进脱贫攻坚与乡村振兴衔接中的产业融合发展。

第四节　三百村：贫困户与现代农业衔接的案例与启示

一、农户与农业现代发展有机衔接

党的十九大提出，实现小农户和现代农业发展有机衔接，为扶持小农户，提升小农户发展现代农业能力，加快推进农业农村现代化，夯实实施乡村振兴战略的基础。我国农村人口数量大，且人均耕地资源占有量低，决定了小农户作为农村基本经济单元的乡村现实。尽管国家积极

---

① 郭苏建、王鹏翔：《中国乡村治理精英与乡村振兴》，《南开学报》（哲学社会科学版）2019 年第 4 期。

推进以土地流转为基础的农业规模经营，但农业经营以小规模为主的现实很难得到明显改变。① 在小农户经营基础上实现农业现代化，得到了日本、韩国等东亚发达国家和地区的经验支持②，表明了小农户与现代农业发展之间并没有实质性矛盾。但小农户与现代农业衔接仍面临小农户分散经营与农业规模化标准发展的矛盾、小农户市场谈判地位低与农业市场化、国际化要求的矛盾、小农户参与农业产业化经营与农业产业化组织合约稳定性差的矛盾、小农户的商品农产品增长与市场交易成本高的矛盾。③

实现小农户与现代农业发展有机衔接是当前各界广泛探讨的热点问题，学术界从不同角度深入研究。从企业带动角度，有学者认为小农户可以通过连接农业企业实现现代农业发展有机衔接，建立农户收益和企业保持竞争力激励相容的合约。④ 从农业服务供给角度，有学者认为通过加快培育农机合作社、专业合作社、行业协会、土地流转服务股份有限合作社、劳务股份合作社等农业社会化服务组织，以农业社会服务供给完善小农户与现代农业发展衔接。⑤ 从完善农业发展制度供给角度，有学者提出了小农户与现代农业发展有机衔接的制度路径，即全面推进包括产权制度、生产耕作制度、交易制度、收入分配制度等在内的小农户经营相关制

① 孔祥智、穆娜娜：《实现小农户与现代农业发展的有机衔接》，《农村经济》2018年第2期。
② 阮文彪：《小农户和现代农业发展有机衔接——经验证据、突出矛盾与路径选择》，《中国农村观察》2019年第1期。
③ 同上。
④ 何宇鹏、武舜臣：《连接就是赋能：小农户与现代农业衔接的实践与思考》，《中国农村经济》2019年第6期。
⑤ 苑鹏、丁忠兵：《小农户与现代农业发展的衔接模式：重庆梁平的例证》，《改革》2018年第6期。罗明忠、邱海兰、陈江华：《农业社会化服务的现实约束、路径与生产逻辑：江西绿能公司例证》，《学术研究》2019年第5期。

度创新，最终在小农户经营基础上实现农业现代化发展。① 从小农组织化增强小农户发展现代农业能力角度，有学者强调通过发展新型集体经济方式②，发展"三位一体"的农民综合合作③，通过建立综合农协④ 等方式实现农户组织化，增强小农户的现代农业发展能力。小农户与现代农业发展有机衔接未来方向应在重点培育小农户主体性原则的基础上，探讨小农户与现代农业发展的人格衔接、组织衔接和关系衔接等多样化衔接机制。⑤

　　总体而言，基于地理区位、资源条件、人自身的差异性，小农户与现代农业发展有机衔接机制的多元性、差异性已逐渐成为共识。小农户与现代农业发展衔接机制，应以小农户的主体性为原则（提升农户的自我发展能力，而非更加依附），基于产业类型（种植业、养殖业、乡村旅游等），对小农户与现代农业发展衔接机制进行类型化，进而增加研究的理论价值与现实意义。本节从贫困人口能力角度切入，选取广西壮族自治区田东县三百村作为案例，分析在资金和技术密集型的养殖业中贫困农户与现代养殖业发展有机衔接的实践及其启示。

---

　　① 阮文彪：《小农户和现代农业发展有机衔接——经验证据、突出矛盾与路径选择》，《中国农村观察》2019 年第 1 期。

　　② 杨团：《此集体非彼集体（下）——探索多元化的农村集体产权改革道路》，《经济导刊》2018 年第 11 期。陈航英：《小农户与现代农业发展有机衔接——基于组织化的小农户与具有社会基础的现代农业》，《南京农业大学学报》（社会科学版）2019 年第 2 期。

　　③ 陈林：《习近平农村市场化与农民组织化理论及其实践——统筹推进农村"三变"和"二位一体"综合合作改革》，《南京农业大学学报》（社会科学版）2018 年第 2 期。仝志辉：《农民合作新路：构建"三位一体"综合合作体系》，社会科学文献出版社 2016 年版。徐祥临：《构建"三位一体"农村综合合作社体系》，《领导科学论坛》2017 年第 6 期。

　　④ 杨团：《综合农协：中国三农改革的突破口》，《西北师范大学学报》（社会科学版）2017 年第 3 期。

　　⑤ 叶敬忠：《小农户和现代农业发展：如何衔接？》，《中国农村经济》2018 年第 11 期。刘闯、仝志辉、陈传波：《小农户现代发展的萌发：农户间土地流转和三种农地经营方式并存的村庄考察——以安徽省 D 村为个案分析》，《中国农村经济》2019 年第 9 期。

二、村庄概括及脱贫攻坚举措

（一）村庄基本情况

三百村位于广西壮族自治区西部，地处田东县思林镇东北部，属于"十三五"期间广西壮族自治区级（省级）贫困村。村庄距田东县县城42千米，距镇政府驻地15千米，距离南宁市205千米。全村辖6个自然屯、12个村民组，有574户2487人。全村土地面积13568亩，耕地面积1060亩，其中水田551亩，旱地509亩，人均耕地0.44亩。全村劳动力1408人，其中外出务工1232人，空巢老人238人，留守儿童139人，留守妇女40人。村庄设村党支部1个，党员41人。全村建档立卡贫困户197户806人，其中2015年脱贫58户232人，2016年脱贫119户504人，2017年脱贫4户20人。贫困人口应纳尽纳后，新增1户5人，2017年年底剩余贫困人口18户55人，贫困发生率降至1.46%，实现了脱贫摘帽。三百村地理位置偏远，属于石山地区，山多土少且人均耕地资源匮乏，农业产业发展条件差，农作物以水稻、玉米等粮食作物为主，农民收入以外出务工为主要来源。

（二）农民生计困境

三百村属于滇桂黔石漠化片区，村内石山多、耕地少，土壤贫瘠。由于耕地资源匮乏，农民从种植业中获得的收入极其有限，村民逐渐形成了"以外出务工为主，以粮食作物种植为辅"的生计方式。脱贫攻坚战以来，三百村贫困人口构成主要为因家庭原因和个人原因而留守村内的村民。这些贫困家庭因病或因学，刚性开支大，家庭劳动力因劳力弱或照顾家庭成员等原因无法长期外出务工，同时又较难通过发展种植业摆脱贫困。2017 年，三百村建档立卡贫困户人均纯收入 5542.3 元，其中工资性纯收入 3656.4 元，转移性纯收入 1460.3 元，财产性纯收入 0 元，农业经营性收入 737.2 元，工资性收入占 65.79%，农业经营性纯收入仅占 13.3%。在农业资源匮乏的情况下，贫困农户生计长期处于低水平的发展陷阱之中。

（三）脱贫攻坚主要措施

党的十八大以来，三百村在各级各部门的帮扶下，积极开展基础设施建设、产业扶贫、金融扶贫、易地扶贫搬迁等多种扶贫方式，取得了良好成效。在基础设施方面，行政村通硬化路，6 个自然屯全部通水泥路，修建生产路 1 千米，村民出行条件得到有效解决。实施危房改造 15 户，易地扶贫搬迁 18 户，保障了贫困农户住房安全；新建村部办公楼 1 栋，建有村活动广场、篮球场、戏台，有标准化的卫生室、农家书屋等，公共服务设施不断完善。在产业发展上，三百村传统种植业以水稻、玉米为主，养殖业以养猪、鸡为主，农业生产主要用于家庭消费。党的十八大以来三百村组织村民在 25 度坡耕地点开发种植剑花（剑花对土地肥力要求低，抗病虫害能力强）等作物，种植剑花 500 亩，发展剑花简易加工作坊 6 个。但是受剑花市场价格低迷影响，剑花销售价格低、销售难度大，产业扶贫效果不显著。同时，三百村成立村级种养殖专业合作社，与广西金陵农牧集团有限责任公司合作探索"公司＋农户"代管养殖生猪和肉鸡产业。2018 年 6 月，三百村发展生猪代养户 13 户，其中贫困户 4 户，建成规模化养殖猪舍 13 个，形成年出栏 12000 头以上规模；建成 4 个规模化林下养鸡场，其中贫困户养鸡场 2 个，年出栏肉鸡超过 100000 只。

三、"公司 + 农户"代管养殖实践探索

近年来，随着养殖业形势的变化，越来越多的养殖企业采取"公司 + 农户"代管养殖经营方式，即企业与自愿合作的农户签订合同，农户变为代管养殖户，代管养殖户按照公司的标准和规模要求，自行投资建设标准化圈舍（猪舍或鸡舍），在养殖企业的技术指导下开展畜禽的养殖和管理工作，并获取相应的养殖酬劳；养殖企业为代管养殖户提供畜禽种苗、饲料、药品、技术指导和培训，并负责统一回收成品畜禽。在这种模式中，养殖企业承担畜禽养殖绝大部分技术风险和全部市场风险，代管养殖户投资建设畜禽圈舍、负责饲养和日常管理，获得饲养酬劳，承担部分养殖风险和相关管理开支成本。

（一）"公司 + 农户"代管养殖的过程

三百村地理位置偏远，但生态环境好，是实施生猪、肉鸡规模化养殖理想场所。在三百村"第一书记"的推荐下，2015 年广西金陵农牧集团有限公司及旗下的子公司广西雄桂种猪有限公司与三百村农户（包括少量贫困户）合作实施生猪、肉鸡规模化养殖，建立"公司 + 农户"代管养殖畜禽产业发展模式。在生猪代管养殖做法上，养殖公司和农户基于自愿、平等原则签订协议，由公司负责对贫困农户开展养殖技术培训。培训合格后，代管养殖贫困户按照公司标准（包括养殖场周边环境要求、圈舍建设标准等）自行投资建设标准化的猪舍。由公司验收代管养殖户自行建设的养殖圈舍。公司评定圈舍合格后，根据代管养殖户的栏舍面积、配套设施等情况把猪苗、饲料、药品等物资发放给代管养殖户。代管养殖户按照每头生猪最低 100 元的标准给公司交付保证金，作为养殖风险金，并按照公司饲养要求进行生猪养殖。贫困户养殖由政府做担保，因而不用缴纳

保证金。在技术指导上，公司在三百村设立技术站，派驻 1—2 名技术员长期驻村，负责指导代管养殖贫困户养殖以及了解饲养情况。驻村技术员如发现异常情况，及时向公司报告。经过一定时间的养殖过程，公司派驻三百村的技术员对畜禽种苗饲养成品进行鉴定是否达到公司规定的合格标准。判定为合格后及时向公司报告，由公司派出卡车进村回收畜禽成品，并与代管养殖户结算养殖酬劳。

三百村的"公司＋农户"代管养殖中，代管养殖户的收益主要有两个部分，即代管养殖费和相应的奖励。公司按照每头合格成品猪饲养情况支付贫困户代管养殖费：（1）饲养 140—150 天，每出栏一头 85 千克以上合格种猪，支付 180 元／头代管养殖费，小于 85 千克合格标准，支付 150 元／头代管养殖费。（2）饲养 100—140 天，每出栏一头 50 千克以上合格种猪，公司支付 150 元／头代管养殖费。（3）后备剩余种猪当肉猪饲养，饲养 165 日龄时：体重大于等于 120 千克，按照 160 元／头支付代管养殖费；体重在 100—120 千克时，按 150 元／头支付代管养殖费；体重小于 100 千克按照 120 元／头的标准支付代管养殖费。（4）料比要求视生猪出栏体重控制在 2.20—2.45，每超出料比部分按照饲料价格的 50% 进行处罚；饲养生猪全批成活率要求 94%，每超成活一头奖励 100 元，每少成活一头扣 50 元。连续三次未达到成活率标准，公司给予退养处理。

为节约管理成本和提高回报率，公司要求每户代管养殖必须具有一定的规模。公司规定，代管养殖户饲养每批生猪的规模必须最低 500 头。对于代管养殖户而言，规模化养殖也有利于获得较为可观的代管养殖费用。就生猪代管养殖而言，每批养殖 500 头，每年养 2 批，2 人饲养，按照 94% 的存活率和最低 120 元／头的代管养殖费计算，一年的毛收入为 11 万元左右，扣除每年养殖的水电费用（由农户承担），贫困农户（2 人户）代管养殖毛收入也有 10 万元／年，收入水平高于外出务工。根据实地调查访谈了解到，贫困代养户王明平在第一批按天计费的情况下他的收入是4万元（175元/人），第二批实行新的计费标准（即成品猪计费），他获得的养殖纯收入为8万元，第三批在成活率下降到94%以下的情况下被扣2.3万元，依然获利7万元，年收入高出外出务工的收入，随着养殖技术的不断提升，王明平收入也日益稳定。

代管肉鸡养殖与代管生猪养殖的运作机制基本相同，收益也差不多，养殖企业为广西金陵农牧集团有限公司。只是生猪养殖的前期投入要大于肉鸡代管养殖。根据调查了解到，代管养殖肉鸡的酬劳约是2.6元/只。一个贫困妇女或年纪稍大、身体健康的50—55岁的贫困劳动力，每批代管养殖10000只（公司最低标准），一年养3批，则一年的毛收入（按3批算）可达到8万元；一对贫困户夫妻2人每批可养1.5—2万只（标准自动化鸡舍可以饲养2.5万只以上），则一年的毛收入（按3批算）为11.7—15.6万元。

（二）"公司＋农户"代管养殖案例的主要问题

三百村发展的"公司＋农户"代管养殖，是实现贫困户与现代养殖业衔接的有益探索，对于促进留守在家贫困人口增收具有显著的成效。同时也需要看到，这种产业发展组织模式也存在一些问题。

1. 代管养殖前期投入大，参与农户债务负担重

根据参与农户与公司签订的协议，代管养殖场地平整、标准化养殖圈舍建设、养殖设施购置、水电路三通等前期建设全部由代养户承担。从对代养贫困户的访谈中了解到，代管养殖前期投入（平整场地、标准化养殖场建设、养殖设施购置等）非常大，生猪养殖前期投入大概40万元，肉鸡代管养殖的前期投入低于生猪代管养殖，大概12万元。在我们访问广西金陵农牧集团分公司得到的养殖宣传材料中显示，标准化鸡舍建设不算

人工费和场地平整费，彩钢瓦结构鸡舍建设成本 13.43 万元，砖瓦结构鸡舍建设成本 12.58 万元。由于前期投入大，使得贫困户参与代管养殖产业初期，家庭债务负担急剧上升。如贫困户黄光年的主要贫困原因是家中老母亲残疾、子女上学刚性开支大。2015 年，黄光年开始与广西雄桂种猪有限公司签订协议，代管养殖该公司的生猪。黄光年进行标准化猪舍建设等的前期投入为 43 万元，其中帮扶干部帮忙协调银行贷款 20 万元，扶贫小额贴息贷款 5 万元，私人借贷 12 万元，自筹资金 6 万元。截至调研组调研时，黄光年仍有 5 万元银行贷款和 7 万元私人借款未还清。

2. 代管养殖产业普及率比较低

三百村从 2015 年开始发展"公司 + 农户"代管养殖项目，参与生猪养殖代管养殖贫困户 4 户，肉鸡代管养殖贫困户仅为 2 户，贫困农户参与度低。通过对贫困农户进行访谈了解到，贫困农户参与度低的主要原因是参与代管养殖需要农户自行承担标准化养殖圈舍建设，而养殖圈舍建设的投资太大。即使是投资较小的肉鸡代管养殖，养殖户前期投资也有 12 万元。社会网络资源较好、私人借贷能力较强的贫困户具有一定的参与意愿和参与能力，而那些社会网络资源差、私人借贷能力弱的贫困户则即使有强烈参与意愿，也因为资金不足而难以参与进来。

（三）代管养殖问题的深层原因

三百村"公司 + 农户"代管养殖产业问题的深层原因主要有以下几点。

1. 养殖产业规模化发展，投资门槛增高

经过多年的发展，农村畜禽养殖产业已告别传统小规模养殖方式，规模化养殖成为农村发展养殖产业的新常态。畜禽养殖规模化（如生猪养殖 500 头、肉鸡养殖 1 万只等）往往会提高感染疾病的风险，规模化畜禽养殖对现场环境卫生、养殖技术、疾病预防等都提出了高要求。经过技术积累和经验总结，规模化畜禽养殖场的建设日益标准化，相应的建设成本也大幅提高。简言之，养殖产业规模化发展带动了养殖技术的改进和养殖场地建设的标准化，同时也大幅提高了养殖的投资门槛。如上文所述，500头／批规模的标准化猪舍的投资超过40万元，标准化鸡舍投资建设最低12万元。在三百村"公司＋农户"代管养殖模式中，养殖企业为代管养殖户承担了绝大部分的养殖风险和全部市场风险，然而有意愿参与的农户缺乏资金的难题并没有得到有效解决。很多有意愿参与代管养殖的农户（特别是贫困户）很难参与进来。因此，"公司＋农户"代管养殖推广性较差。

2. 农户联合代养可解决资金问题，但存在诸多制约因素

三百村的代管养殖畜禽的衔接采取单个农户与公司签订代养协议的方式。这是因为与传统的小规模家养相比，规模化代管养殖属于资金和技术双密集型产业。在公司提供养殖技术和标准化控制的情况下，只需要少数劳力就能够实现规模化。如2个成年劳力可以代管养殖500头／批的生猪规模，可代管养殖1.5—2万只／批的肉鸡养殖规模。劳力数量减少意味着人均利润的增加。2户及以上农户联合养殖虽然能够在一定程度上解决资金不足问题，但人均利润会下降，且面临联合代养中的激励问题，以及与公司签订协议的责任和风险承担问题，而相关问题在以家庭为单位的代管养殖中基本不存在。农户联合代管养殖不如以家庭为单位代管养殖稳固，还可能会因为分工、利润分配、努力程度等出现问题而不再联合。

3. 扶贫小额信贷难以形成有效支持

基于信贷风险防范和资金安全考虑，我国针对贫困人口贷款设计的金融扶贫政策以不超过10万元的小额度贷款为主。在贫困地区普遍实施的"5万元以下、3年期以内、免抵押免担保、基准利率、财政贴息、县级风险补偿金"扶贫小额信贷的贷款最高额度为5万元。田东县在探索金融

扶贫新模式中，农户凭借信用等级，免抵押、免担保，可以获得 1 万—10 万元的贷款。然而，贫困农户代管养殖肉鸡的标准化鸡舍购买材料最低投资也超过 12 万元。根据实地访谈农户了解到，代管养殖肉鸡前期投入约 20 万元，代养生猪前期投入超过 40 万元。参与代管养殖的贫困户的前期投入主要通过私人借款、商业贷款和扶贫小额信贷等多种方式来解决，其中私人借贷和商业贷款是主要资金来源，扶贫小额信贷的支持力度有限。

四、"代管养殖"的衔接逻辑与启示

现代农业与传统农业具有显著的差异。现代农业以市场为导向，以盈利为目标，呈现出要素集约化、生产规模化、功能多样化，甚至是人工智能化 [1]，而传统农业则优先满足家庭消费。现代农业的产业特点意味着当前小农户很难依靠自身能力实现农业现代化。通过外部资源和组织方式将小农户与现代农业进行衔接成为我国农业现代化的重要途径。改造传统农业，推进新时代中国农业走向现代化道路，培育种植大户、家庭农场、合作社、龙头企业、农业产业化联合体等新型农业经营主体，为小农户参与农业现代化发展提供支持和服务。农业新型经营主体与小农户合作发展现代农业，必然降低小农户在农业发展中的决策权和自主性，形成了小农户与新型经营主体的农业发展专业化分工。作为弱势方的小农户，如何在与新型农业经营主体联合发展现代农业中实现能力提升和确保获得利益显得尤为重要。

三百村"代管养殖"产业发展方式依靠与农业企业合作，实现小农户与现代农业发展有机衔接。这种衔接是建立在小农户与新型农业经营主体

---

① 王定祥、谭进鹏：《论现代农业特征与新型农业经营主体建构》，《农村经济》2015 年第 9 期。

明确分工的基础上的。小农户建设有独立产权的养殖圈舍并负责养殖工作和日常管理。农业企业负责养殖技术培训和监管、加工销售等环节，并在畜禽、饲料等上拥有产权。简言之，在三百村"代管养殖"产业中，小农户拥有"生产工具"和生产性"劳动力"，农业企业拥有"生产资料"和技术。小农户通过合作获得了农业企业的生产技术，实现了发展能力的提高，通过圈舍等"生产工具"和劳动力获得了劳动报酬，获得了远高于传统农业，甚至高于外出务工的收入水平，进而实现了脱贫致富。

三百村"代管养殖"畜禽产业的案例表明，现代农业发展呈现出资金和技术双密集型基本特征。小农户在与新型农业经营主体的合作中，可以分享、掌握现代农业发展的技术，但却很难通过合作来解决资金缺乏的问题。因为具有较为充沛的资金或较好的融资能力，是小农户与新型经营主体合作发展现代农业的前提。三百村多数贫困农户正是因为缺乏合作的资金，而被挡在了参与现代农业发展的门外。帮助贫困人口获得足够的参与合作资金或资产，就成为促进小农户与现代农业发展有机衔接并在衔接中实现能力和收益均能提升的关键。

三百村"代管养殖"后期探索的以下两个措施具有较大的启发性和借鉴意义：一是在经过充分调查研究的基础上，合理提高建档立卡贫困户扶贫小额信贷最高额度，同时在政策执行上可将扶贫小额信贷、以奖代补等政策整合使用于"代管养殖"建档立卡贫困户，确保有意愿的建档立卡贫困户能参与到"代管养殖"畜禽产业中；二是使用政府支持村集体经济发展的财政资金，按照畜禽公司建设要求在村内建设标准化畜禽圈舍。将标准化畜禽圈舍出租给有意愿养殖但没有能力投资建圈舍的建档立卡贫困户发展"代管养殖"畜禽产业，解决贫困户参与"代管养殖"的资金难题，也能增加村集体经济收入。

第五节　农干村：发展村集体经济的案例与启示

一、发展村集体经济

村级组织是我国基层乡村治理的重要主体。改革开放后，我国以家庭联产承包责任制替代了人民公社制度，乡村公共治理更多依靠村民自组织化和投劳集资等方式实施。村集体的资源配置权力迅速下降，村集体对乡村公共设施、公共服务的供给责任减少，但是仍作为基层政权建设责任主体，承担着村庄基本管理职能。国家政策仍规定村集体可以向村民收取公积金、公益金、管理费（即"三提五统"中的"三提"），以确保对村庄的建设和治理。根据 1991 年国务院颁布的《农民承担费用和劳务管理条例》，村集体向农民收取公积金用于农田水利基本建设、植树造林、购置生产性固定资产和兴办集体企业，收取公益金用于五保户供养、特别困难户补助、合作医疗保健以及其他集体福利事业，收取管理费用于村干部报酬和管理开支。[①]农村税费改革和 2006 年中央政府宣布全面取消农业税后，作为村集体资金来源的向农民收取的公积金、公益金、管理费也一并被取消。村庄公共建设通过"一事一议"方式进行，由财政进行补贴。由于"一事一议"带来的不确定性，村庄资源汲取能力极大下降，很多村集体陷入连组织运转都很困难的状态。[②]村级组织

---

① 《农民承担费用和劳务管理条例》，《广西政报》1992 年第 2 期。

② 周建明：《应如何看待村集体经济——基于国家治理体系和治理能力的视角》，《毛泽东邓小平理论研究》2015 年第 5 期。

债务逐渐加重。而壮大发展村集体经济，既是农村公共建设的物质基础，是保障村级组织正常运转、巩固党在农村执政的重要保证，也是加快农村经济发展的重要支撑。[①]

2008 年 10 月，党的十七届三中全会通过《中共中央关于推进农村改革发展若干重大问题的决定》，全面部署农村改革目标和措施，特别是提出建立健全土地承包经营流转市场，按照依法自愿原则，允许农民以转包、出租、互换转让、股份合作等形式流转土地承包经营权，发展多种形式的适度规模经营，为村集体经济发展注入活力。土地承包经营权流转意味着土地承包经营权财产化、资本化。允许集体土地进入流转市场，通过村集体资源的财产化，促进村集体收入增加，使空壳化的农村集体经济焕发生机。《中共中央关于推进农村改革发展若干重大问题的决定》发布后，地方政府普遍制定了土地流转政策。部分地方政府为了实现农业规模经营，出台了促进土地流转的奖励政策，对村集体经济组织推动或组织流转达到一定规模给予一定奖励。[②] 依托新型村集体经济组织，村集体经济组织发展壮大，村级组织机构对村庄公益事业投入增加，村集体与村民关系得到改善。[③]

2013 年 11 月，党的十八届三中全会通过《中共中央关于全面深化改革若干重大问题的决定》，对全面深化改革作了部署。在健全城乡发展一体化体制机制部分，提出赋予农民更多的财产权利，赋予农民对集体资产股份占有、收益、有偿退出及抵押、担保、继承权。2013 年，农村全

[①] 黄鹤群：《发展壮大村集体经济的思考》，《现代经济探讨》2010 年第 10 期。

[②] 孔祥智、高强：《改革开放以来我国农村集体经济的变迁与当前亟须解决的问题》，《理论探索》2017 年第 1 期。

[③] 北京天则经济研究所《中国土地问题》课题组：《土地流转与农业现代化》，《管理世界》2010 年第 7 期。

面开展土地确权登记颁证工作。2016 年国家实施农村土地所有权、承包权、经营权的"三权分置"改革。相关举措为村集体经济发展提供了新的机遇。特别是在以全面建成小康社会为奋斗目标的脱贫攻坚战中，将贫困村发展村集体经济作为打赢脱贫攻坚战的重要指标，支持鼓励贫困村集体通过财政资金、集体资源的资产化并与现代农业发展结合等多种方式壮大贫困村集体经济，增加贫困村集体经济收入，确保贫困人口获益。2015 年 11 月 29 日《中共中央 国务院关于打赢脱贫攻坚战的决定》明确指出，在不改变用途的情况下，财政专项扶贫资金和其他涉农资金投入设施农业、养殖、光伏、水电、乡村旅游等项目形成的资产，具备条件的可折股量化给贫困村和贫困户，尤其是丧失劳动能力的贫困户，资产可由村集体、合作社或其他经营主体统一经营。

党的十九大以后，《中共中央 国务院关于打赢脱贫攻坚战三年行动的指导意见》强调，要积极推动贫困地区农村资源变资产、资金变股金、农民变股东改革，制定实施贫困地区集体经济薄弱村发展提升计划，通过盘活集体资源、入股或参股、量化资产收益等渠道增加集体经济收入。《中共中央 国务院关于实施乡村振兴战略的意见》提出，要全面开展农村集体资产清产核资、集体成员身份确认，加快推进集体经营性资产股份合作制改革；发挥村党组织对集体经济组织的领导核心作用，防止内部少数人控制和外部资本侵占集体资产；研究制定农村集体经济组织法，充实农村集体产权权能。

二、村庄概况及脱贫攻坚举措

（一）村庄基本情况

农干村位于广西壮族自治区西南部，地处龙州县武德乡境内，属于

"十三五"期间建档立卡贫困村。农干村村部所在地距武德乡政府驻地 17 千米，离中越边境线 18 千米，距离龙州县县城 23 千米。全村设有 1 个党支部，党员 67 人。全村有耕地面积 12760 亩，人均面积 4.7 亩；有生态公益林面积 19093 亩，人均面积 7 亩。农干村建档立卡贫困户 341 户 1235 人，2014 年退出 33 户 132 人，2015 年退出 65 户 262 人，2016 年脱贫 23 户 85 人，2017 年"双认定"脱贫 196 户 701 人，2018 年脱贫 8 户 19 人，贫困发生率进一步降低为 1.18%。

农干村地处桂西南边陲，属于典型的"老、少、边、山、穷"贫困村。脱贫攻坚前，尽管人均土地资源等相对丰富（人均耕地面积 4.7 亩），但村庄的交通条件差（特别是农业生产路少且差），农民农业生产主要以种植甘蔗为主，家庭收入以外出务工为主要来源。脱贫攻坚以来，政府加大了对农干村交通道路投入力度。2013—2018 年共投资 797.5 万元，新建通村公路 3 千米，屯内道路硬化 19.7 千米，公路里程从 10 余千米增加至 65 千米。在产业发展方面，当地加大对农干村糖料蔗产业扶持力度，2014—2018 年共投入 577.72 万元用于糖料蔗地块平整和修建田间道路。农民发展糖料蔗种植的积极性提高，种植面积和产量逐年增加。2016 年全村有 600 户农户种植糖料蔗，户均产量为 56.94 吨。2017 年扩大到 626 户种植，户均产量 62.15 吨。按照 500 元 / 吨计算，户均糖料蔗毛收入超过 3 万元。2017 年，农干村贫困户人均纯收入为 5041.8 元，其中农业经营性收入 3429.3 元，占比 68%。

（二）脱贫攻坚主要措施

党的十八大以来，农干村在各级各部门、社会各界的支持下，实施"N+ 扶贫"精准脱贫工程，积极开展基础设施建设、产业扶贫、金融扶贫、就业扶贫等多种方式。在基础设施建设方面，全村 9 个自然屯均通水泥硬化路，每个屯组均装有太阳能路灯，农民生产生活交通条件得到很大改善，为后续经济发展提供充足动力。在产业发展方面，农干村大力发展糖料蔗、坚果等种植产业，取得了显著脱贫成效。如农干村糖料蔗种植面积为 9600 亩，糖料蔗收入已成为大多数农民农业收入的主要来源。在养殖业方面，逐渐形成了"一轴两翼"的养殖格局。"一轴"指肉牛养殖，"两翼"指肉羊养殖和肉鸭养殖，成立了县级以上示范养殖专业合作社。在金融扶贫方面，全村有 158 户贫困户申请政府贴息扶贫小额贷款，共计 668.1 万元。村民将资金入股到农业合作社并取得分红收入。在就业培训扶贫方面，2017 年共开展就业技能培训 337 人次。2017 年农干村利用政府拨付的村集体经济发展资金，依托本村的两个养殖产业（养羊和养鸭）合作社发展村集体经济，探索"专业合作社 + 能人 + 村集体经济"的发展方式。

三、合作社带动发展村集体经济的实践探索

国务院发布的《"十三五"脱贫攻坚规划》中明确把村集体经济作为贫困村脱贫的一项预期性指标，到 2020 年每个建档立卡贫困村集体经济有一定规模，村集体经济收入要达到 5 万元及以上。发展村集体经济已成为地方政府实现贫困村摘帽的一项重要任务。2017 年 7 月，广西壮族自治区党委办公厅、自治区人民政府办公厅印发《关于加快贫困村村级集体经济发展的意见》，要求各级党委、政府把加强基层组织建设列为重要工作，把发展壮大贫困村集体经济作为脱贫攻坚工作的重中之重，确保每个贫困村健全一个具有开发活力的村集体经济组织，培育一个带动集体经济发展的经营主体，配置一个以上可持续增收的集体经济项目，建立一套激励集体经济发展的灵活机制，健全一套规范集体经济健康发展的管理办法，到 2020 年广西壮族自治区全区 5000 个贫困村每个贫困村集体经济收入达到 5 万元以上，同时要求县级财政统筹中央、自治区、设区市、县

（市、区）各项资金，确保每个贫困村有 50 万元以上壮大贫困村集体经济发展的资金，通过资源开发、资产盘活型、产业带动、服务创收、物业租赁、村民联动、村社共建、社会帮扶、股份合作型等 9 种创新发展方式发展贫困村集体经济。2017 年 6 月，《广西壮族自治区村民合作社管理暂行办法》和《广西壮族自治区村民合作社章程（示范稿）》的颁布实施，为贫困村发展村集体经济设定实施的组织平台（村民合作社）和制度（村民合作社章程）。

（一）设立村民合作社管理使用村集体资金

广西壮族自治区为促进贫困村集体经济发展，为辖区内的贫困村发展村集体经济拨付了专项资金。龙州县整合上级财政资金为农干村配置 100 万元的村集体经济发展扶持资金。同时，龙州县为促进县内贫困村发展村集体经济，也从县级财政拨付 30 万元用于支持农干村发展村集体经济。

为管理和使用好这两笔资金，农干村按照政府要求成立农干村村民合作社（以下简称村民合作社），专门管理使用政府拨付的村集体经济发展资金。村民合作社社员共同制定合作社章程，成立村民合作社管理委员会（以下简称社管会，成员 5 人）和村民合作社监督委员会（以下简称社监会，成员 3 人）。村支书、村主任等村干部任社管会成员，村民代表人等任社监会成员。社管会具体负责村民合作社日常管理工作，包括制定投资方案、管理资产和财务等，设社长 1 名（由村支部书记担任）、副社长 1 名（由村主任担任），委员 3 名（由相关的村干部担任）。社监会主要负责检查和监督集体资产经营管理及财务活动等，设监事长 1 名、副监事长 1 名、成员 1 名。

基于本村产业发展状况和优势，农干村村民合作社将养殖产业作为发展村集体经济的重点方向，选择与发展基础较好、有能人带动的陇严山羊养殖专业合作社、盎然生态养殖专业合作社、那连巾帼种养专业合作社合作，以专业合作社联合带动村集体经济发展。

（二）"专业合作社＋能人"带动集体经济发展

1. 发展山羊养殖集体经济产业

农干村的山羊养殖产业最早是由村民闭红星（非贫困户）自主探索后逐步发展起来的。2007 年闭红星利用农闲时间尝试养殖 25 只山羊并获得成功，他随之将养殖规模扩大为 100 只。2009 年闭红星不再种植甘蔗，而转型为村里的专业养羊大户，养殖规模扩大到 200 只羊。由于闭红星的养殖技术高超、经验丰富，并且搭建了山羊出售的市场网络，所以他养殖的山羊有了固定的客源。

2015 年以来，闭红星等村民利用现有养羊资源，成立龙州县武德乡陇严山羊养殖专业合作社和龙州县盎然生态养殖专业合作社，发展本地肉羊养殖，两个合作社社员涉及全村 11 个屯（组）180 户：在陇严屯建设的陇严山羊养殖专业合作社吸收社员 91 户，其中贫困户 82 户；在陇盎屯建立的盎然生态养殖专业合作社，吸收社员 89 户，其中贫困户 74 户。养羊合作社实行"合作社＋能人＋贫困户"的运作机制。由闭红星作为养殖能手带动合作社社员发展肉羊养殖。2016 年年底，两个合作社出栏肉羊 267 只，收入 29.48 万元，支出 13.58 万元，盈余 15.9 万元，可分红9.54 万元，社员分红户均 600 元。2017 年，合作社出栏肉羊 111 只，收入12.58 万元，支出 4.08 万元，盈余 8.5 万元，可分红 5.1 万元，社员分红户均 600 元。

在仔细分析了养羊产业的发展前景后，村民合作社以集体名义入股陇严山羊养殖专业合作社和盎然生态养殖专业合作社共 100 万元，将这笔钱用于建设现代化养殖圈舍 2 栋，面积共 800 平方米，同时与闭红星协商以略高于市场的价格收购闭红星的 161 只羊作为村集体资产。至此，村民合作社已成为两个养羊合作社的最大股东。村民合作社聘请养羊能人闭红星夫妻作为养羊合作社的养殖技术指导员，负责指导和实施山羊饲养及管护，聘请 1 位贫困劳动力作为合作社员工，负责山羊具体饲养事务。按照村民合作社与两个养羊合作社签订的合同，从 2018 年起，两个合作社按4.5% 的比例向村民合作社分红，实现年增加村集体收益 4.5 万元。

2. 发展肉鸭养殖集体经济产业

2016 年，在农干村"第一书记"的动员下，那连屯妇女主任发起成立巾帼种养专业合作社，发展肉鸭养殖、淡水鱼虾养殖和果蔬菜种植项目。合作社吸收本村社员 49 户，其中贫困户 42 户。2017 年，巾帼种养专业合作社与本村能人严国强合作（严国强长期在深圳做生意，有资金、头脑灵活，同时积累了市场人脉，具有养殖肉鸭技术的良好社会网络），把那连屯 10 多个淡水养殖个体户联合起来，进行整组、联营，发展立体种养，提升市场竞争力，增加效益。2017 年农干村民合作社以 30 万元资金入股巾帼种养专业合作社，用于肉鸭养殖的鸭舍及配套设施建设等。新的合作社从 2018 年开始投产，发展瘦肉型养鸭项目，将肉鸭"减肥"，提高肉鸭肉质，年产肉鸭 3 万羽。一期试产 1500 羽，按每羽纯利润 8 元计，年纯收入 24 万元，社员增收 1000 元以上。巾帼种养专业合作社将按4.5% 的比例向村民合作社分红，实现年增加村集体收益 1.35 万元。

（三）合作社带动村集体经济发展的主要问题

农干村利用政府拨付的贫困村集体经济发展资金，依托本村能人带动的养殖专业合作社，既发展了养殖，也发展了村集体经济。尽管该村村集体经济实现了从无到有的转变，但在调查过程中也发现农干村村集体经济存在以下问题。

1. 养殖产业中村集体分红比例偏低

在养羊和肉鸭养殖产业中，村集体以村民合作社的名义分别入股了100万元和30万元，用于建设养羊和养鸭的基础设施。村集体在整个产业中的投入占比基本超过50%，但在产业收益中获得的分红仅为4.5%。村集体收益偏低，且没有制定集体收益分红比例逐年或逐阶段增长的制度。集体获得的产业入股分红比例与其资金投入不匹配。

2. 村民合作社参与村集体产业程度低

为管理使用好政府拨付给农干村的村集体经济发展资金，农干村成立村民合作社专门来管理、使用这笔钱。尽管通过与养殖专业合作社的合作带动实现了村集体经济从无到有的转变，但是村民合作社在产业发展中参与程度低，存在管理缺位问题。村民合作社是这两个养殖产业的最大投资方，社管会成员并没有深度参与两个产业的管理，全权由合作社能人负责，社管会成员不了解两个养殖专业合作社的日常财务运作状况、支出盈利状况，只关注村集体分红是否到位。因为缺乏对养殖产业的有效参与和管理，村民合作社并没有意识到村集体分红偏低的情况并制定纠正方案。

3. 村集体养殖产业面临较大的自然风险

农干村发展村集体经济依托村内两个养殖专业合作社。一般而言，养殖产业对技术的要求比较高，面临的自然风险（畜禽疾病）也较大。虽然依靠能人的技术和经验能降低一些风险，但村集体养殖产业却没有购买相关的农业保险，面临较高的自然风险，村集体资产也存在一定的资产安全风险。

4. 村集体养殖产业面临较大的市场风险

市场风险是产业发展中的固有风险。与市场主体结成稳固的利益共享、风险共担联系，是降低农业产业市场风险的重要方式。不论是养羊产业还是养鸭产业，农干村集体经济都没有与外部的市场主体（如农产品加工企业等）形成稳固利益联结机制。在产品销售端，养羊合作社和养鸭合作社仅通过私人社会网络销售或者直面本地消费市场。在农产品销售环节，养殖专业合作社既没有与农产品企业对接，更不存在与农产品加工销售企业利益共享、风险共担机制。在"小合作社"直面大市场的境况中，养羊产业和肉鸭养殖产业很容易受到市场波动的影响，存在较高的市场风险。

（四）农干村集体经济发展问题的形成原因

改革开放之后，村集体资源与资产分配到户。对贫困村而言，村集体资产长期为零，发展村集体经济是新生事物。各地在探索的过程中，更多关注的是如何做起来，对如何持续做好的思考不足。农干村养殖产业依靠专业合作社带动，虽然是"做起来"了，但仍存在产业发展风险大、村集体投资收益偏低等"持续做好"的问题。究其原因，主要有以下几个方面。

1. 政府对村集体经济资金的监管不到位

广西壮族自治区政府在《关于加快贫困村村级集体经济发展的意见》中提出了加强村集体"三资"监管、加强督查检查、把发展贫困村村级集体经济工作纳入各级各部门和村"两委"干部年度述职评议考核的一项重要内容等举措。贫困村的村集体经济资金或资产的监管由相关职能部门和村干部共同来监管，属于多主体监管。但多部门参与监管，也使监管责任分化，甚至出现多部门在管、没有部门管的现象。如在农干村的村集体经济发展资金下拨后，出现了政府监管缺位情况，村民合作社使用和管理村集体经济发展资金没有得到必要的指导和监督，村集体资金使用和管理上存在安全风险。

2. 产业政策难以有效支持村集体经济发展

村集体经济发展实质是所依托的产业的发展。村集体经济发展同样需要相应产业扶贫政策的扶持，以及相关行业部门提供技术支持。然而，产业扶贫政策中支持发展村集体经济的内容很少，相关行业部门对村集体经济产业的技术指导有限甚至是没有指导，这无形中凸显了贫困村集体经济的发展风险。如农干村集体经济的养殖产业没有获得农业政策性保险和相关部门足够的技术支持，村集体经济面临较高的自然风险和市场风险。

3. 村干部发展村集体经济的激励不足

从农干村发展村集体经济的实践来看，村支书、村主任等是管理村集体资产和使用村集体资金进行投资的行动主体。在贫困村集体经济的政策设置上，除将发展村集体经济作为村"两委"干部年度述职评议考核的内容外，对村干部发展村集体经济缺乏激励措施。管理村集体资产和发展村集体经济成为村干部们的日常工作内容，但是村干部并没有从村集体经济发展中获益（如奖励、分红等）。村干部发展村集体经济的努力意愿并不强烈，主要维持在实现工作基本要求层面。一个显著的例子是，农干村村集体投入 130 万元到本村养羊和养鸭产业，获得的分红明显低于合理投资收益。但因为村集体得到的分红收入实现了国家规定的村集体经济收入 5 万元的要求，村支书、村主任等社管会成员并没有对村集体获得的不合理分红提出异议并进行纠正，由村民代表组成的社监会也没有提出异议或者其意见没有被采纳。

四、贫困村发展村集体经济的启示

改革开放初期，以家庭联产承包责任制替代了人民公社制度。人民公社时期村集体掌握的集体资源（土地、林地、农业生产工具等）几乎全部平等分配给了农户，由农户承包自主经营。村集体通过"三提"和上级部门的少量财政拨款维持日常开支。2006年中央取消农业税，村集体"三提"被取消，村集体收入进一步下降。一些贫困村村集体经济收入长期为零，村级组织债务上升。脱贫攻坚战打响以后，贫困村发展村集体经济成为脱贫攻坚成绩的指标之一。发展贫困村村集体经济是地方政府脱贫攻坚任务的重点领域之一。各级地方政府纷纷制定贫困村村集体经济发展政策和制度，将扶贫资源输入贫困村用于发展村集体经济。地方政府"输血式"投入给贫困村发展村集体经济带来了机会。但是，当资金下达贫困村后，却发现贫困村集体既没有发展资源，也缺少发展村集体经济的人才。

缺乏村集体资源支撑的基层政府和村级组织采取了一些"变通"策略。如将贫困村村集体经济发展的资金入股或投资到县乡企业，通过入股分红，实现村集体经济收入考核达标，这导致了贫困村村集体经济陷入"有增长无实质发展"的困境。[①] 也有一些贫困村将政府支持的资金入股村内产业获得村集体分红，实现村集体经济收入考核达标。将村集体发展资金在村内使用的方式符合村集体经济实质发展的导向，但集体经济产业的政策和制度不完善，产业发展面临诸多风险，政府投入的资金面临一定的增值保值压力。农干村发展村集体经济属于后一种发展方式，将上级政府输入的资金全部入股已形成的农业产业。农干村的特点在于基于资金规模优势将村集体经济发展资金资产化（投入到圈舍等生产设施建设），既解决村集体实体资产窘境，也使得村集体成为产业的最大股东。

---

① 张立、郭施宏：《政策压力、目标替代与集体经济内卷化》，《公共管理学报》2019年第3期。

农干村发展村集体经济的实践有以下几个方面启示：一是只有将村集体经济发展"限制"在村庄内部才能促进贫困村村集体经济的实质发展，进而满足脱贫攻坚和乡村振兴对村集体经济发展的要求。二是基于贫困村集体缺乏发展资源的事实，政府在贫困村发展村集体经济初期需要较大规模的资金输入，使得村集体资产从无到有或从少变多。政府输入的村集体经济发展资金应因地制宜资产化为相应的村集体发展资产（主要是物质资产）。三是由于贫困村发展村集体经济缺乏人才，村集体合作组织通过与村内经济能人合作，既可以较好地解决人才缺乏的问题，又能利用村内经济能人的市场经验和农业技术，促进村集体经济持续发展和村集体发展资金保值增值。而通过资产化输入性发展资源，村集体经济组织能够增强在合作发展中的地位和话语权，进而降低村集体合作组织对经济能人的依赖性。四是要科学制定提高村民合作社管理人员（村集体的管理代表）报酬等激励措施，以激发村干部管理村集体经济的积极性。五是将村集体经济纳入产业扶贫政策扶持范畴，支持村集体经济与市场主体建立利益共享、风险共担联结机制。六是强化政府农业部门加强对村集体经济产业发展的技术指导和支持，加大对贫困村村集体经济农业政策保险的支持力度，降低村集体经济发展的产业风险。

第 三 章

生态宜居：脱贫攻坚与乡村振兴的
生态与人居环境衔接

习近平总书记指出："要扎实搞好农村人居环境整治，治理农村生态环境突出问题。'水光山色与人亲'，良好生态环境是乡村振兴的重要支撑。实施乡村振兴战略，要以生态宜居为关键，推进乡村绿色发展，打造人与自然和谐共生发展新格局。"① 可见，生态建设与人居环境改造相辅相成，均秉承人与自然和谐共生的发展理念。生态建设与人居环境美化是脱贫攻坚与乡村振兴战略共同的任务。

第一节　生态与人居环境衔接的背景

生态与环境保护是人类发展的重大课题。新中国成立后，我国进入快速工业化轨道，加之人口的快速增长，产生了严重的生态环境问题。② 我国贫困地区与生态脆弱地区高度重合。我国生态贫困人口主要分布在西南大石山区、西北黄土高原区、秦巴贫困山区和青藏高原等地区。我国生态敏感地带人口中，74% 生活在贫困县内，约占总人口 81%。③ 生态环境脆弱背景下，生存条件差，土地生产力低，疾病增加，贫困问题与生态问题

---

① 《推动乡村生态振兴坚持绿色发展》，2019 年 12 月 25 日，见 http://www.xinhuanet.com//2019-12/25/c_1210411655.htm。

② 赵其国、黄国勤、马艳芹：《中国生态环境状况与生态文明建设》，《生态学报》2016 年第 19 期。

③ 李周、陈若梅、高岭：《中国贫困山区开发方式和生态变化关系的研究》，山西经济出版社 1997 年版，第 1、2 页。

并生①，贫困地区发展陷入"贫困—人口增长—生态退化"的恶性循环。

党的十八大以来，中央把生态文明建设作为统筹推进"五位一体"总体布局和协调"四个全面"战略布局的重要内容，建设美丽中国，实现中华民族永续发展。2013 年 9 月 7 日，习近平主席在哈萨克斯坦纳扎尔巴耶夫大学发表演讲并回答学生们的问题，在探讨环境保护问题时他指出："我们既要绿水青山，也要金山银山。宁要绿水青山，不要金山银山，而且绿水青山就是金山银山。"② 这表明了党和政府大力推进生态文明建设的鲜明态度和坚定决心。生态扶贫是精准扶贫中"五个一批"脱贫路径的重要"一批"。积极构建多元主体协同推进的生态脱贫机制，是探索绿色减贫的必由之路。③

党的十九大提出实施乡村振兴战略。中央将实现乡村"产业兴旺、生态宜居、乡风文明、治理有效、生活富裕"作为乡村振兴战略的总要求，提出坚持人与自然和谐共生，牢固树立和践行绿水青山就是金山银山的理念。落实节约优先、保护优先、自然恢复为主的方针，严守生态保护红线，以绿色发展引领乡村振兴。乡村振兴，生态宜居是关键。良好生态环境是农村的最大优势和宝贵财富。另外，改善农村人居环境，建设美丽宜居乡村，是实施乡村振兴战略的一项重要任务。2018 年 1 月，中共中央办公厅、国务院办公厅印发的《农村人居环境整治三年行动方案》强调，以建设美丽宜居村庄为导向，以农村垃圾、污水治理和村容村貌提升为主攻方向加快补齐农村人居环境突出短板。近年来，我国各地区各部门认真贯彻党中央、国务院决策部署，加强改善农村人居环境，大力推

---

① 陈南岳：《我国农村生态贫困研究》，《中国人口·资源与环境》2003 年第 4 期。

② 《习近平系列重要讲话读本：绿水青山就是金山银山——关于大力推进生态文明建设》，《人民日报》2014 年 7 月 11 日。

③ 韩跃民：《全球生态贫困治理与"中国方案"》，《社会科学战线》2019 年第 11 期。

进农村基础设施建设和城乡基本公共服务均等化，农村人居环境建设取得显著成效。

第二节 生态与人居环境衔接的政策重点

在生态与人居环境领域，脱贫攻坚政策主要集中在生态扶贫与人居环境整治上，而乡村振兴战略主要聚焦推进乡村绿色发展、改善农村人居环境等方面。脱贫攻坚与乡村振兴战略均坚持牢固树立和践行绿水青山就是金山银山的理念，在绿色发展与人居环境两个层面具有较高的重合性，相关政策要求和具体举措也比较一致。下面将结合国家政策文件，分析脱贫攻坚与乡村振兴在绿色发展与人居环境衔接领域的主要内容。

一、推进乡村绿色发展

（一）生态环境保护与补偿

脱贫攻坚政策强调贫困地区生态环境保护与治理修复，结合生态保护实现脱贫。相关政策包括：加快改善西南山区、西北黄土高原等水土流失状况，加大三北等防护林体系建设工程、天然林资源保护、水土保持等重点工程实施力度，加大新一轮退耕还林还草工程实施力度，加强生态环境改善与扶贫协同推进。在重点区域推进京津风沙源治理、岩溶地区石漠化治理、青海三江源保护等山水林田湖综合治理工程。探索"谁受益、谁补偿"原则的生态保护补偿机制，在贫困地区开展生态综合补偿试点。鼓励受益地区与保护地区、流域下游与上游建立横向补偿关系。探索碳汇交易、绿色产品标识等市场化补偿方式。中央财政支持贫困县以政府购买服务或设立生态公益岗位的方式，以森林、草原、湿地、沙化土地管护为重点，让贫困农户中有劳动能力的人员参加生态管护工作。增加国家公园、国家级自然保护区、国家级风景名胜区周边贫困人口参与巡护和公益服务的就业机会。

乡村振兴战略强调将生态恢复与保护作为绿色发展的前提，提出要大力实施乡村生态保护与修复重大工程，完善重要生态系统保护制度，促进乡村生活环境稳步改善，以及自然生态系统功能和稳定性全面提升，增强生态产品供给能力。相关政策包括：大力实施重要生态系统保护和修复工程。开展国土绿化行动，推进荒漠化、石漠化、水土流失综合治理。扩大退耕还林还草、退牧还草，建立成果巩固长效机制。完善天然林和公益林保护制度、荒漠生态保护制度等。健全生态保护补偿机制，落实农业功能区制度，加大重点生态功能区转移支付力度，完善生态保护成效与资金分配挂钩的激励约束机制。健全地区间、流域上下游之间横向生态保护补偿机制，探索建立生态产品购买、森林碳汇等市场化补偿制度。推行生态建设和保护以工代赈做法，提供更多生态公益岗位。

（二）乡村资源绿色开发

脱贫攻坚政策强调坚持绿色可持续发展，探索生态脱贫有效途径，推动扶贫开发与资源环境相协调、脱贫致富与可持续发展相促进，使贫困人口从生态保护中获得更多实惠。在生态退化地区坚持生态优先，发展有利于生态环境恢复的特色作物种植。积极推广适合贫困地区发展的农牧结合、粮草兼顾、生态循环种养模式。发展健康水产养殖业，加快池塘标准化改造，推进稻田综合种养工程，发展环保型养殖方式，打造特色水产生态养殖品牌。结合国家生态建设工程，培育一批兼具生态和经济效益的特色林产业。深化贫困地区集体林权制度改革，鼓励贫困农户以林地经营权入股造林合作社，获得资产性收入。

乡村振兴战略强调通过增加农业生态产品和服务供给开发乡村的资源，通过农业绿色生产行动、国家农业节水行动等现代的科技与管理手段，把乡村的生态优势转化为生态经济的优势。积极发展生态旅游、生态种养等产业，发挥乡村自然资源多重效益。加快发展森林草原旅游、河湖湿地观光、野生动物驯养观赏等产业，开发观光农业、旅游休闲、健康养生、生态教育等服务产品。重点打造一批特色生态旅游示范村镇和精品路线，培育绿色生态环保的乡村生态旅游产业。充分利用森林、草原、湿地等自然资源，支持村集体经济组织依托生产服务设施开展经营活动，鼓励社会主体参与生态保护。对集中连片开展生态修复达到一定规模的经营主体，在符合条件的前提下，利用1%—3%的治理面积从事旅游、康养、体育、设施农业等产业开发。深化林权制度改革，扩大商品林经营自主权，鼓励多种形式的适度规模经营。

可见，乡村振兴战略更为重视在生态合理保护的前提下，开发农业生态产品和服务，把乡村的生态优势转化为发展生态经济的优势。由于贫困地区生态环境脆弱，生态保护行动被置于优先位置，尽管也强调贫困地区生态产品和服务的开发，但更注重在生态保护中通过就业、资产收益等机制带动脱贫。

二、改善乡村人居环境

脱贫攻坚政策强调从源头着手，在贫困村开展饮用水源保护、生活污水和垃圾处理、畜禽养殖污染治理、农村面源污染治理、乱埋乱葬等治理工作。加快推进通村组道路建设，基本解决村内道路泥泞、村民出行不便等问题。脱贫攻坚的人居环境整治将农村垃圾处理、改厕、村内道路硬化等作为重点内容，在实施方式上注重以专项行动方式推进贫困乡村人居环境改善。通过持续开展城乡卫生整治行动，加强对农村垃圾和污水处理设施建设。开展贫困地区农村人居环境整治三年行动，因地制宜确定贫困地区村庄人居环境整治目标，重点推进农村生活垃圾治理、卫生厕所改造，开展贫困地区农村生活垃圾治理专项行动等。

乡村振兴战略从补齐短板、提升村容村貌、建立长效机制三个方面来改善乡村人居环境。在补齐短板上，提出要进行农村生活垃圾治理，建立符合农村实际、多样化的生活垃圾处置体系，实施"厕所革命"，推进厕所粪污无害化处理和资源化利用。在提升村容村貌上，提出推进村庄道路建设，解决村内道路泥泞、村民出行不便等问题。推进乡村绿化，建设具有乡村特色的绿化景观。完善村庄公共照明设施，整治公共空间和庭院环境，同时推进城乡环境卫生整洁行动，鼓励有条件的地区集中连片建设生态宜居的美丽乡村。在整治长效机制上，提出建立农村人居环境建设和管护长效机制，发挥村民主体作用，支持专业化、市场化建设和运行管护。推进环境治理依效付费制度，以及健全服务绩效评价考核机制。

第三节　里才村：生态资源开发促脱贫

一、生态保护与扶贫相结合

1986 年，我国贫困研究学者王小强、白南风出版名为《富饶的贫困》一书，论述一些贫困地区的自然资源富饶，但却处于极度的贫困之中。作者将这种"富饶的贫困"归结为人的素质差。[①] 人的因素固然重要，贫困

---

① 王小强、白南风：《富饶的贫困》，四川人民出版社 1986 年版。

地区生态的脆弱性也是当地人贫困的重要原因。我国贫困地区与生态脆弱地区重合度高，贫困地区生态系统脆弱，生态价值往往很难转化为经济价值，不少贫困地区面临着"两山困境"。苦守"绿水青山"，无缘"金山银山"，或是既无"绿水青山"，也无"金山银山"，或是有了"金山银山"，却丢了"绿水青山"。①

生态保护与扶贫结合是实现贫困地区"绿水青山"变"金山银山"的重要方式，生态扶贫或绿色减贫是贫困人口脱贫的重要路径。生态贫困是在特定时空情景下，人地关系地域系统中"地"维度上的剥夺及其制约"人""业"维度的发展，或者导致彼此不协调、不可持续发展的过程和状态。生态扶贫的贫困干预维度包括"地"层面的干预（如开发生态资本和促进贫困人口参与），"人"层面的干预（如提升贫困人口的人力资本），以及面向"业"层面的干预（如产业、就业、创业等）。② 从类型化的角度看，生态扶贫可分为生态保护补偿扶贫、生态建设扶贫（把增强环境承载力为目标的生态建设工程与精准扶贫结合）和生态产业扶贫（把生态产业转型与精准扶贫结合）。③ 生态补偿扶贫将贫困人口与生态补偿对象、扶贫地域与生态补偿地区、产业扶贫与生态补偿措施、贫困程度与生态补偿标准、扶贫政策与生态补偿需求等多方面实施衔接。④ 生态扶贫是多元主体协同参与的扶贫系统，既要强化政府主导作用，也要充分发挥贫困人

---

① 于开红、付宗平、李鑫：《深度贫困地区的"两山困境"与乡村振兴》，《农村经济》2018 年第 9 期。

② 冷志明、丁建军、殷强：《生态扶贫研究》，《吉首大学学报》（社会科学版）2018 年第 4 期。

③ 史玉成：《生态扶贫：精准扶贫与生态保护的结合路径》，《甘肃社科学》2018 年第 6 期。

④ 刘春腊等：《精准扶贫与生态补偿的对接机制及典型途径——基于林业的案例分析》，《自然资源学报》2019 年第 5 期。

口的主体作用，以及鼓励私营企业深度参与，在完善市场和生态资产建设同步的过程中，将生态价值转变为经济价值和脱贫效益。[1][2]

总体来看，生态扶贫是生态文明建设与农村贫困治理的有机结合，是以保护和建设当地生态环境带动贫困人口脱贫与发展。生态补偿扶贫、生态建设扶贫、生态产业扶贫等是生态扶贫的主要类型。生态扶贫治理强调构建政府、社会（贫困人口）、市场协同参与的结构体系。下文将以广西壮族自治区龙胜各族自治县的里才村的实践作为案例，阐述脱贫攻坚与乡村振兴在生态保护与扶贫上的衔接。

二、村庄概况及脱贫攻坚举措

（一）村庄基本情况

里才村属于广西壮族自治区龙胜各族自治县泗水乡，位于泗水乡西南部，距离泗水乡政府所在地 8.5 千米，距离龙胜县城 9 千米，距离桂林市区 88 千米，处于龙胜县西江坪原始森林保护区边缘。全村土地总面积 17.9 平方千米，耕地面积 1317.15 亩，其中水田面积 622.41 亩，旱地面积 694.74 亩，林地面积 22357.51 亩。村庄处于亚热带与温带的过渡区，四季冷热分明，干湿明显，年平均气温 18.1℃，最高气温 39.5℃，最低气温 −4.8℃。昼夜温差较大，春夏雨水多，秋冬雨水较少，冬季冷但降雪年份少。里才村比邻西江坪原始森林保护区，森林覆盖率达到 70% 以上。村域内植被茂盛、种类丰富，拥有较为丰富的发展资源。村庄农业作物以柑橘、罗汉果、百香果、猕猴桃为主，养殖业以凤鸡、冷水鱼为主。里才

---

① 欧阳祎兰：《探索生态扶贫的实现路径》，《人民论坛》2019 年第 21 期。

② 王晓毅：《绿色减贫：理论、政策与实践》，《兰州大学学报》（社会科学版）2018年第 4 期。

村辖 9 个村民小组，228 户 924 人，主要居住着汉、苗、瑶、壮等民族，人口居住呈"大分散、小聚居"的分布特点。

表 3-1　里才村的贫困人口与资源情况

调查指标	单位	指标值
总户数	户	230
总人口数	人	941
劳动力人数	人	608
贫困户数	户	102
贫困人口数	人	415
低保户数	户	21
低保人口数	人	70
耕地面积	亩	1317.15
其中：有效灌溉面积	亩	1317.15
林地面积	亩	22357.51
牧草地面积	亩	0
养殖水面面积	亩	0

（二）里才村的贫困状况

脱贫攻坚战打响前，里才村农民人均纯收入为 5903 元（2015 年）。农户生计方式以种养业为主，兼顾在县城附近务工。这主要是因为：一是村庄人均耕地面积 1.4 亩，人均林地面积 33.26 亩，农业资源相对较好，农民通过发展种养产业以及林地补贴，可以获得比较好的收入；二是里才村靠近县城，市场信息灵通，农产品运输成本低，加之各类农产品商贩进村收购农产品，农产品销售便利。尽管村民非常重视农业，但从收入构成来看，务工收入仍是主要来源。2015 年，里才村村集体通过生态公益林补贴获得村集体经济收入为 2.19 万元。2015 年年底精准识别贫困户 102 户 415 人。对建档立卡贫困人口致贫原因进行分析后发现，缺技术占比 48.11%，缺劳力占比 17.92%，因残致贫占比 11.32%，因学致贫占比 11.32%，因病致贫占比 10.37%，因灾致贫占比 0.94%。

（三）里才村脱贫攻坚的投入

2016—2018 年，里才村累计获得各类扶贫资金共计 2390.46 万元，其中财政资金 2117.86 万元，占比 88.60%；信贷资金 245 万元，占比 10.25%；社会捐赠资金 27.6 万元，占比 1.15%。从具体资金投向上看，投入农业产业发展共计 385.76 万元，其中投入农业 322.4 万元，占比 83.58%；投入林业产业 63.36 元万，占比 16.42%。从资金投向结构来看，以发展种植业投入为主，83.58% 的产业发展资金投到了农业，林业产业投入占比 16.42%。

基础设施建设共计投入 1333.1 万元，其中农村饮水安全工程投入 225 万元（政府新增债券资金 18.5 万元），占比 16.88%。小型农田水利及农村水电设施投入 60 万元（粤桂扶贫协作资金 55 万元），占比 4.50%。村通公路（畅通、通达工程等）497.34 万元（政府新增债券资金 188.67 万元），占比 37.31%。农村危房改造投入 50.8 万元，占比 3.81%。村村通电话、互联网覆盖等农村信息化建设投入 500 万元，占比 37.51%。中低田改造、土地开发整理投入 0 元，农网完善及无电地区电力设施建设投入 0 元，病险水库除险加固投入 0 元。从基础设施建设投入结构看，里才村在农田改造和农网改造方面没有获得投入资金。在农村信息化建设、村组道路获得的资金投入大，二者占比之和超过基础设施投入的 70%，表明里才村将基础设施建设作为脱贫攻坚的主攻方向，另外里才村村域面积较大、山多，而居民居住分散，在道路建设、农村信息化建设上的投入成本高。村域面积大、居民居住分散，也使得该村在农村饮水安全工程的投入较大（投入 225 万元，占比 16.88%）。

公共服务设施投入共计 419 万元，其中村卫生室建设及设施投入 30 万元（政府新增债券资金），占比 7.16%。村公共文化服务设施和休闲旅游设施建设投入 340 万元（粤桂帮扶资金），占比 81.15%。村综合文化服务中心设施建设投入 49 万元，占比 11.69%。投入农村中小学建设资金为 0 元。从投入结构特点来看，卫生、教育等基本公共服务投入比例小，文化服务和休闲旅游设施建设投入的资金比例大（占比达到 81.15%），且设施建设主要集中在村镇地所在的屯。这主要是因为里才村临近龙胜县城，医疗、教育等基本公共服务供给可以依托城镇得以有效解决，村庄将公共服务建设资金主要投入文化服务和休闲旅游设施，借助靠近县城（旅游业是龙胜县的重要产业）优势发展乡村旅游。

在人力资本投资上，劳动力职业技能培训投入 7.4 万元。扶持 1 家农家乐发展，投入 0.2 万元。在金融扶贫上，2016—2018 年累计扶贫小额信贷 47 户，年累计发放信贷资金 245 万元。

三、村庄生态扶贫的措施与成效

里才村村部所在地距离县城不远，与外部连接的交通条件较好，但是村域面积广，其他村民小组的农户分散居住于山林之间，村内道路基础设施建设成本高，村庄内部的道路条件差。村内交通差对村庄发展制约明显，贫困人口农业生产规模小、商品化率低，收入依靠外出务工。里才村脱贫攻坚主攻的方向是实施村内道路等基础设施建设，加强村民与外部的联系，为农业产业发展奠定基础；通过党员带动村民发展特色农业产业增收，即农产品"走出去"；通过开发生态资源增加村集体经济收入；通过改善村部等靠近县城区域的公共服务设施发展乡村旅游，即把外部的资源和消费者"引进来"；通过开展生产生活环境综合治理，创造安居乐业、干净舒适的宜居环境。

（一）大力推进村内交通基础设施建设

里才村山大沟深、土山连绵，村民居住分散。多数村民小组道路条件差，面临"行路难"和农产品进入市场成本高等问题。脱贫攻坚战打响以来，里才村把 37.31% 的基础设施建设资金用于村组道路建设。相关建设内容包括硬化路面、砌筑挡土墙（村组道路多数是在土山上修建，比较容易塌方）、修建水沟涵洞（防止山上流下的雨水等冲刷、冲毁路面路基）等。通过以上举措，里才村实现全部村民组通硬化路，解决了"行路难"问题，为产业扶贫发展奠定了基础。同时为促进村民更好地使用村组道路，里才村将极度分散在山上的村民易地扶贫搬迁至道路沿线，共易地扶贫搬迁 48 户，其中有 37 户（占比 77.08%）是从不通路的山上搬迁到村组路沿线。

（二）以党员示范带动特色产业发展

产业扶贫是构建长效脱贫机制的有效路径。受村组道路条件差的制约，里才村大部分村民以种植水稻、玉米、红薯等粮食作物为主，农产品主要用于家庭消费。随着交通的畅通，村民逐渐探索种植罗汉果、柑橘等经济作物，与外部的经济联系增多。特别是实施精准扶贫以来，里才村"两委"基于贫困村"3+1"特色产业发展政策，经过科学分析、民主投票确定将罗汉果、百香果、柑橘等作为本村规模化发展的特色产业，将凤鸡、生猪等作为特色养殖产业。在市场销售难以预期的情况下，如何动员农户发展村庄确定的特色产业是村庄产业扶贫的面临的重要问题。围绕该问题，里才村探索实施"党员 + 奖补 + 产业"的党员带动产业扶贫方式。具体而言，培育以党员为主体的产业发展"带头人"，即通过对党员和村干部进行农业技能培训，把党员和村干部变为产业发展的多面手，使党员成为帮扶员、示范员、技术员、信息员，把党员凝聚在产业发展链条上。在村级党组织建设中，积极把种养能人发展为党员（不局限于本村能人，外部的能人有意愿也可以纳入本村的党员管理中，搞联合党支部），壮大党员"带头人"群体。2016—2018 年，里才村共培养了 15 名产业带动优秀党员，形成产业发展示范效应。党员"带头人"对参与特色产业发展的贫困户进行技术指导，解决市场销售问题；宣传特色产业发展以奖代补政策，通过奖补政策激励农民发展特色产业，促进特色产业规模化发展。

（三）以生态资源开发带动村集体经济发展

发展村集体经济是贫困村发展的重要内容。尽管经历了家庭联产承包责任制改革，但是里才村村集体保留了 1548.2 亩的生态公益林。通过生态公益林补贴，里才村村集体经济收入就有 2.28 万元。村干部认为国家生态公益林补偿不是发展村集体经济的根本之策。如何利用好村庄靠近西江坪原始森林保护区的生态优势，增加村集体经济收入和帮助贫困人口脱贫，是里才村脱贫攻坚需要回答的重要问题。2016 年，桂林龙胜爱莲食品有限公司主动与里才村联系，计划在里才村建矿泉水厂。该公司确定的水源点位于西江坪原始森林保护区内，距离里才村 8 千米。里才村很快同意了桂林龙胜爱莲食品有限公司的提议，并将政府部门拨付给村里用于发展村集体经济的 50 万元入股桂林龙胜爱莲食品有限公司，与之签订了合作协议。根据合作协议，里才村可获得入股分红 4 万余元，同时矿泉水厂建成后，公司必须使用一定数量的贫困劳动力。矿泉水厂在 2018 年下半年建成并投入使用，里才村建档立卡劳动力 9 人在矿泉水厂内务工，月收入 2000—5000 元不等。

（四）发展乡村旅游探索乡村振兴

里才村村部所在地的村屯距离县城较近，交通条件好，生态环境优美。依托区位和资源优势不断提升休闲文化旅游设施水平，发展乡村旅游，是里才村探索乡村振兴的重要内容。脱贫攻坚以来，里才村将超过80%的公共服务设施建设资金投向村内文化和休闲旅游设施建设，并加快实施人居环境改造工程。修建了具有民族特色的综合文化服务中心，实施了文化广场硬化，修建了平板桥、风雨桥、特色旅游景观环岛步道、乡村特色旅游塑木人行道，兴建了同心岛、初心亭、连心桥等公共服务设施。以打造培训参观基地为依托，发展乡村旅游。2018 年，里才村已有 3 家农家乐，其中 1 家为贫困农户建立的农家乐。

（五）开展生产生活环境综合治理

里才村是龙胜县人居环境整治的示范点。近年来，里才村整合资金将近 1300 万元，于 2016—2018 年实施了 25 户危房改造、48 户房屋易地搬迁，新建了 245 盏太阳能路灯，修建了大量公共服务设施。里才村通过实施 48 户乡土特色民房改造升级项目，结合改厨改厕改圈、村屯美化绿化亮化改善了人居环境。择优聘用德行兼备、热心公益事业的护林员、清洁员等公益性岗位，细化强化了村护林员、清洁员工作内容以及管理和考核制度，保障了村屯、河道日常的干净卫生，让群众在里才村的绿水青山中逐步实现脱贫致富。

实行垃圾治理行动。修建垃圾焚烧池，加强设施建设。利用专项资金在村内修建 15 个垃圾焚烧池，每个组配备 1—2 个，引导村民将垃圾倒入焚烧池。在村主要道路旁放置垃圾桶，保持村主干道的整洁。备保洁员，加强人员保障。配备 3 名保洁员（皆为本村村民），负责焚烧垃圾及道路打扫清洁工作。制定环境卫生村规民约，加强制度保障。里才村根据《泗水乡村屯环境卫生公约》文件的要求，制定《泗水乡里才村村规民约》，强化村民环境卫生意识，提升村民参与人居环境整治的自觉性、积极性、主动性，为树立良好的民风、村风，创造安居乐业、干净舒适的宜居环境起到了积极作用。成立垃圾专项治理领导小组，加强管理监督。里才村成立垃圾专项治理领导小组，组长由驻村"第一书记"和村支书担任，组员由 3 名村委干部组成，垃圾专项治理领导小组的成立起到很好的监督作用。开展水环境治理，保护好生态。泗水乡人大副主席担任里才村里五冲河段的河长，协助乡党委和政府以及有关部门做好江河湖库管理保护、巡查等工作。河长每周巡河一次，发现乱排乱放现象会向上级汇报。在河长制度管理下，里才村里五冲河段再没有乱排乱放现象，村民也自觉保护清澈的河流。潺潺的河水流经村内，河边风景优美，是村内一道靓丽的风景线。

（六）主要成效

1. 农民收入水平提高，贫困人口持续减少

经过生态扶贫，里才村农民人均收入水平显著提高，贫困人口规模持续减少。里才村农民人均纯收入从 2015 年年底的 5903 元，增加到 2018 年的 8122 元，增加了 37.59%，年均增加 12.53%。2018 年，建档立卡贫困人口人均纯收入增加至 8060.45 元，增加了 75.89%，年均增长 25.29%。从贫困农户收入结构变化来看，2015 年年底里才村贫困农户生产经营性净收入 663.55 元，占比 14.48%；工资性收入 2777.26 元，占比 60.60%；转移性收入 1087.05 元，占比 23.72%；财产性收入 54.95 元，占比 1.20%。到了 2018 年，贫困农户生产经营性净收入 1784.5 元，占比 22.14%；工资性收入 5028.59 元，占比 60.39%；转移性收入 1202.03 元，占比 14.91%；财产性收入 45.33 元，占比 0.56%。（如图 3—1 所示）2015 年和 2018 年工资性收入均是贫困农户最主要的收入来源，且占比超过六成。但从纵向比较来看，经过脱贫攻坚，生产经营性收入占比提高了 7.66 个百分点，工资性收入占比提高了 1.78 个百分点，转移性收入占比下降 8.81 个百分点，

财产性收入占比下降 0.64 个百分点。这表明，里才村贫困农户的生产发展能力得到显著提升，贫困农户脱贫对外部的依赖性进一步下降（转移性收入和财产性收入的比重减少）。从贫困人口的减少来看，经过 3 年脱贫攻坚，里才村累计脱贫 81 户 331 人，贫困发生率下降到 2018 年年底的3.18%，已接近贫困村摘帽在贫困发生率上的要求。

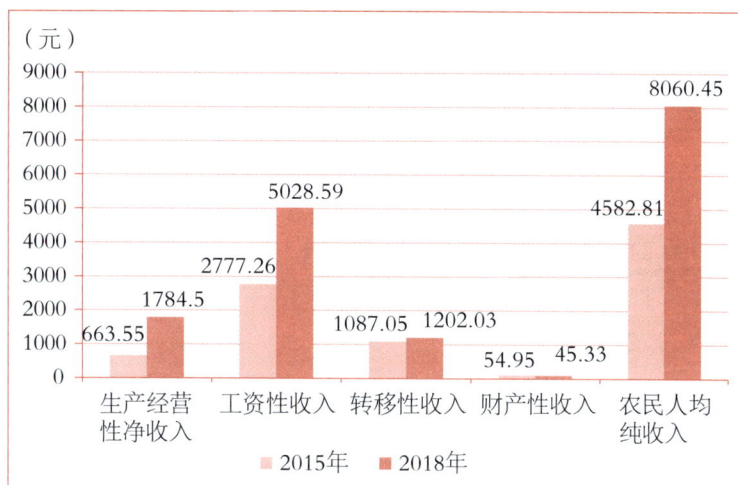

图 3-1 里才村 2015 年和 2018 年贫困人口人均纯收入

2. 生态资源得到合理开发

里才村结合村庄的生态资源禀赋，积极发展罗汉果、百香果、柑橘等特色产业。以"公司＋基地＋农户"等方式发展了罗汉果 500 亩、百香果 150 亩、柑橘 700 亩，发展特色产业带动贫困户 66 户。生态资源得到合理开发，生态价值较好地转化为经济价值和脱贫效益。同时里才村利用靠近西江坪原始森林保护区的优势，与桂林龙胜爱莲食品有限公司合作建立矿泉水厂，既增加了村集体经济收入，同时带动了 9 名贫困人口在水厂务工，有效带动了贫困人口脱贫。

3. 人居环境得到显著改善

交通基础设施水平显著提升，2018 年里才村 9 个村民组通组路全部实现路面硬化；农村信息化水平得到提升，2018年所有村民组全部实现通宽带。农村信息化建设便利了村民与外部的联系，促进了农民与外部的产品交换。农户住房条件和饮水设施得到有效改善，实施危房改造27户，易地扶贫搬迁48户，有效改善了贫困人口的住房条件。里才村贫困户用上自来水的总户数增加至90户，占比达到86.5%，同时228户饮水设施得到提升。通过持续实施改厨、改厕、改圈，村民家庭卫生条件得到持续改善，超过90%的农户都使用上了卫生厕所。综合文化服务中心、文化广场、休闲旅游设施等设施建设，进一步提升了人居环境水平。

四、生态保护扶贫的经验与启示

（一）主要经验

里才村属于国家级贫困村，靠近县城和森林保护区，地理区位比较好，耕地、森林等资源相对丰富，但村民居住分散，资源开发受到较大制约。村庄脱贫发展的思路是践行"绿水青山变金山银山"理念，在保护生态环境的前提下合理开发生态资源，促进农民摆脱贫困。里才村的经验主要有以下几点。

1.以党建扶持发展能人，以能人带领贫困群众发展生态特色产业

21世纪初期，里才村产业扶贫探索发展罗汉果、柑橘等经济作物产业。然而，由于市场销售问题、交通问题等，产业扶贫探索并没有成功，多数村民又回到了水稻、玉米等传统粮食农业。脱贫攻坚以来，里才村将罗汉果、柑橘等作为重点发展的特色产业，并获得了显著成效，促进了贫困人口脱贫。罗汉果、柑橘等产业发展成功的主要原因是，通过党建扶贫将干部培养成能人或者将能人吸纳到党员队伍中，鼓励和支持党员干部发展特色产业带动农户种植。如组织党员干部种植罗汉果并与县城相关的罗

汉果收购公司合作（公司提供罗汉果苗，保底价回收罗汉果），党员种植每亩罗汉果毛收益达到 5000—8000 元。由于种植罗汉果收益好和以奖代补政策的激励，村民纷纷跟进种植，在党员帮助下提高种植技术，并与罗汉果收购公司建立种植合作关系。

2.改善交通基础设施条件，为生态资源开发奠定基础

里才村境内土山连绵，村民居住分散。村内交通设施建设滞后导致村民即使与县级市场的距离近，但仍难以与市场形成有效连接。"要想富，先修路。"里才村将村组道路硬化作为脱贫攻坚的重点任务，将剩余 7 条没有硬化或不通行的村组道路全部拓宽硬化路面，并且通过易地扶贫搬迁将无法通路的村民搬迁到村组道路沿线，彻底解决了贫困农户出行难和农产品运输成本高的难题，为贫困农民发展罗汉果、柑橘、百香果等特色致富产业提供了便利的交通条件。

3.以"村集体＋企业"促进村集体经济可持续发展

获得可持续的集体经济收入是贫困村发展村集体经济的难点。地处限制开发区域的里才村，资源开发受到较大制约。村集体经济收入主要依靠村集体生态公益林补贴。得知桂林龙胜爱莲食品有限公司选择在里才村建设矿泉水厂后，里才村村委积极支持该项目的开工建设，并将村集体发展资金入股矿泉水厂。矿泉水厂运营后，里才村既通过入股分红实现了村集体经济收入的增长，也帮助部分贫困农户在村集体经济中实现就业。里才村发展村集体经济是绿色发展理念的生动实践，既保护了秀美的生态环境，增加村集体经济收入，还实现了部分贫困群众收入稳定增长。

（二）主要启示

建设生态宜居的美丽乡村，要牢固树立和践行绿水青山就是金山银山的理念，坚持尊重自然、顺应自然、保护自然，加强生态保护与修复，加

快人居环境的整治，实现生活环境整洁优美、生态系统稳定健康、人与自然和谐共生的目标。

1. 基础设施建设是补齐贫困村发展短板、促进生态资源开发的前提

里才村生态特色产业发展的实践表明，交通等基础设施落后是一些贫困乡村存在"富饶的贫困"的重要原因之一。交通基础设施建设特别是贫困村内部的道路建设，能为贫困村与外部增强经济联系奠定基础。道路和生产性基础设施更是将贫困村生态价值转变为经济价值的前提。生态资源价值的实现以村庄与外部市场实现经济联系为前提。

2. 村庄和村民是生态扶贫的主体

践行"绿水青山就是金山银山"发展理念，必须将转变而来的"金山银山"的主要分享者划定在村庄内部，即贫困村组织和村民。这就需要促进村民参与到生态价值向经济价值转变的实践之中，动员农民参与是一个难题。小农基于生计安全的考虑，不会轻易参与到新产业的探索之中。里才村在产业发展上将干部培养成能人或者将能人吸纳到党员队伍中，支持党员干部发展特色产业并作为技术员带动农户种植，这表明通过党员引领带动是促进村民参与生态价值向经济价值转换的有效方式。另外，通过产业奖补等方式，也能激发村民参与生态产业发展并从中获益。

3. 联结市场是关键

联结市场是生态价值向经济价值转变的关键。农民依托生态价值走进市场，离不开市场主体的支持与深度参与。里才村的罗汉果等在早期没有办法走进市场或者说县域的市场容量太小，导致了产业最终的失败。但脱贫攻坚以来，相关农产品的企业或经销商日益增多。里才村罗汉果品质好，通过企业或经销商走入了县域外更大的市场。正因为市场主体的深度参与，所以很好地解决了产品的销售问题，提高了农民种植特色农业的预

期。而里才村建设矿泉水厂的前提是企业首先看到了里才村的生态价值，进而进入到村内设厂生产矿泉水。村庄在与企业合作后，形成企业获益、村集体经济收入增加和贫困人口稳定增收的"三赢"格局。

4. 乡村旅游有助于提升村庄人居环境

乡村旅游是高度市场化的产业形态，能稳定吸引一定规模游客是乡村旅游成功的关键。很多贫困村具有较好的生态价值和一定的旅游开发优势，但由于这些优势并不显著，导致很难稳定吸引一定规模的游客，所以贫困村乡村旅游失败的多，成功的少。里才村乡村旅游实践表明，尽管在经济收益上效果不佳，但在提升村庄人居环境上效果显著。探索发展乡村旅游后，村庄的公共设施、人居环境得到明显改善。

第四节　海雀村：生态建设促人居环境
改善的案例与启示

一、生态建设与人居环境改善

从理论来看，经济发展与生态环境是相互协调的。没有环境的维系，经济发展难以可持续，生态建设与经济发展并行不悖。然而，从实践来看，经济发展又与生态建设之间具有内在张力。[1] 环境与贫困之间往往表现为"共生"关系。环境恶化和资源匮乏产生贫困，贫困又加剧了环境的恶化，贫困和环境恶化互为因果。如在西北干旱地区，干旱造成土地产出减少，为维持生存，农民不断扩大耕种面积，导致生态进一步恶化；在高

---

[1]　巩固：《政府激励视角下的〈环境保护法〉修改》，《法学》2013 年第 1 期。

寒山区，为解决温饱问题，人们大量砍伐森林，加剧了水土流失和生态恶化。① 因此，生态脆弱贫困地区的发展需要把生态建设摆在突出的位置，良好的生态环境是实现经济可持续发展的基础。对于生态已遭受破坏的贫困地区，生态建设的主要任务是进行生态恢复。生态恢复意味着停止人为对生态的破坏，这必然会影响当地农村居民的生计状况，甚至加剧贫困状况。生态恢复的过程中除了对生计受损的农村居民进行生态补偿外，还需要最广泛最充分地调动一切发展主体的积极因素，激发广大人民群众的创造力。②

生态建设与人居环境整治共同服务于乡村振兴战略的目标，即建设生活环境整洁优美、生态系统稳定健康、人与自然和谐共生的生态宜居美丽乡村。但二者的着力点不同。生态建设将当地居民之外但属于村庄内部的"环境区域"作为重点建设区域，人居环境整治则针对住房、村容村貌等居住环境。脱贫攻坚和乡村振兴战略均为系统性的建设工程，贫困地区的生态建设与人居环境整治必然会产生逻辑关联。下文以贵州省赫章县海雀村实践案例阐述生态建设促进人居环境改善的逻辑关联和效果。

二、村庄概况及主要扶贫举措

（一）村庄基本情况

"海雀"是彝语的汉语音转。在彝语中海雀为"侯确"，意为"水源

---

① 王晓毅：《绿色减贫：理论、政策与实践》，《兰州大学学报》（社会科学版）2018年第4期。

② 包俊洪：《毕节试验区：科学发展理论的先行探索与实践》，《马克思主义与现实》2006年第1期。

地"。海雀村是苗族人聚集村落，苗族民间称海雀为"髦雀"，"髦"是苗语自称"HMAOB"的汉语音译。苗族把海雀说成是"髦雀"，汉语意思就是"苗族的海雀"。海雀村地处云贵交界，位于贵州省毕节市赫章县河镇乡东北部。村庄距乡政府所在地 12 千米，距赫章县县城所在地 88 千米，平均海拔 2300 米。全村总面积 11.87 平方千米，耕地面积 1780 亩，林地面积 13400 亩，全部为旱地，没有水田，农业作物主要为玉米、土豆和荞麦。全村下辖 5 个村民组，全村 222 户 871 人全是少数民族，其中苗族占 95%，彝族占 5%。

海雀村属贵州省一类贫困村，2016 年脱贫出列。20 世纪 80 年代，海雀村山高坡陡，土地破碎，生态恶劣，自然灾害频繁，25 度以上陡坡耕地占 90%，森林覆盖率不足 5%。1985 年海雀村人均纯收入 33 元，人均占有粮食 107 千克。2012 年年底，海雀村仍有贫困人口 91 户 360 人，贫困发生率高达 44.3%，到 2014 年贫困人口降至 54 户 214 人，贫困发生率降到 25.8%，其中，因学致贫 2 户 7 人，缺劳力致贫 7 户 14 人，缺技术致贫 20 户 84 人，缺资金致贫 25 户 109 人。党的十八大以来，海雀村着力实施精准扶贫精准脱贫方略。在中央政府、各级政府部门以及社会组织的帮扶下，村庄大力推进基础设施、生态环境、民生事业、精神文明等建设，强化特色优势产业发展，取得了显著减贫成效。全村人均可支配收入从 2012 年的 2680 元增加到 2018 年年末的 10611 元，增加了 7931 元；贫困人口从 91 户 360 人减少至 3 户 6 人（兜底户），贫困发生率从 2012 年的 44.3% 下降到 2019 年的 0.6%。

（二）海雀村的脱贫制约

海雀村地理位置边远，自然条件差，生态环境脆弱，基础设施薄弱，贫困人口自我发展能力低，村庄脱贫发展面临如下挑战。

1. 生态环境对脱贫的制约明显

海雀村位于乌蒙山区深处，村庄海拔 2300 米。计划经济时期特别是"大跃进"时期全民炼钢，村庄原本郁郁葱葱的森林遭到乱砍滥伐，导致 20 世纪 80 年代森林覆盖率不足 5%，生态环境急剧恶化。海雀村 25 度以上陡坡耕地占 90%，生态脆弱性强，失去了森林的保护，泥石流等自然灾害频发。扶贫开发受到生态环境的明显制约。

2. 自然条件对农业产业选择制约明显

海雀村属于高寒喀斯特地貌，耕地资源非常稀少，山地海拔落差大，山高坡陡，土地贫瘠、破碎。农业产业选择有限，村民主要种植荞麦、土豆、玉米等粮食作物。在农业水资源方面，海雀村年均降水量约为 750 毫米，喀斯特山区地貌使得降水快速渗入地下或受地形影响流向低洼地，从而造成土壤流失或山体滑坡。因而海雀村农业水资源并不充足，时常发生水资源短缺现象。

3. 基础设施和公共服务设施"瓶颈"制约明显

海雀村距乡政府所在地 12 千米，距县城所在地 88 千米，地理位置偏远，基础设施发展滞后。2006 年年初，全村 206 户只有平房 15 栋，瓦房 120 多栋，仍有 70 多户住茅草房。海雀村通村道路晴通雨阻，且村庄内通组路、串户路等仍有待完善，村民行路难的问题没有得到彻底解决。

4. 村民人力资本水平低

海雀村属边远民族村寨，村民文化程度低，文盲或半文盲比例高。很多村民特别是老年人不会说普通话或者听不懂普通话。文化水平低使村庄劳动力转移受到制约，外出务工村民缺乏技能，收入水平低。村庄医疗卫生事业发展滞后，加上村民的卫生意识差和不健康的饮食习惯，导致村民身体健康状况比较差。

（三）海雀村脱贫攻坚的主要举措

实施精准扶贫以来，海雀村的脱贫攻坚主要分为两个阶段，即精准脱贫阶段和巩固提升阶段。在精准脱贫阶段，海雀村大力实施产业脱贫、教育扶贫、生态扶贫、基础设施建设等扶贫措施，促进村庄发展和村民脱贫。在巩固提升阶段，围绕巩固脱贫成果、推进乡村振兴，海雀村实施了产业化扶贫、基础设施建设、旅游扶贫等系列措施。

1. 产业精准脱贫措施

在产业扶贫上，创立了海雀生态养殖有限公司，以 500 元 / 亩的价格流转村内土地 20 亩，建设标准化厂房，引入外地企业发展蛋鸡养殖产业，争取扶贫资金 600 万元入股公司，年终村集体和贫困户获得入股分红。村集体每年获得分红 20 万元，贫困户每年每户获得分红 2727 元。蛋鸡养殖公司每年从海雀村雇用工人约 20 人，每人每月平均工资约 2500 元；采取以奖代补的方式扶持贫困农户发展黄牛养殖。由全村 84 户贫困农户自行到市场购买西门达尔黄牛，养殖 1 头牛政府给予补助 5000 元，每户最多补助两头牛，最高补助标准 1 万元；支持农民种植改良土豆，从威宁县等地购回土豆新品种，分发给种植改良土豆的农户，每亩给予 300 元补助。新品种土豆亩产 2000 千克，比原来土豆量产增加 1 倍；采取"公司＋农户"方式发展矮化苹果产业，引进山东企业（青山湖公司）在海雀村种植矮化苹果 500 亩，覆盖农户 222 户。采取"1126"利益联结机制，即将苹果产业毛收益的 10% 用于土地入股农户分红（保底不低于 500 元 / 亩），10% 支付企业技术服务费用，20% 分给乡镇平台公司（其中，15% 用于支付人工费用，5% 作为村集体经济积累），60% 用于县平台公司（农丰源）偿还苹果种植贷款。项目实施满 10 年后，公司退出经营，全部果树的所有权和所得收益 100% 归农户所有。

2. 加大基础设施建设力度

实施危房改造项目。危房改造标准为维修加固补助户均8000—17000元，拆旧重建补助3万元。动员村民组建房屋建设互助小组，通过互助共建房屋既节约了建房资金，又解决了住房建设用工紧张的问题。通过"一事一议"，使用政府财政资金940.5万元，村民投工投劳硬化村组道路18千米、入户路21千米。利用政府资金120万元在村内建起了文化广场、生态小公园等公共服务场所。县级水利部门投入5050万元，整合海雀村周边的5村庄建设30万立方米的水库，解决农户生活和生产用水问题。由水利水务部门投入建设资金500万元在村内建山坪塘1个（2万立方米），解决农户生产生活用水问题和增加乡村旅游景观。

3. 推进生态扶贫项目

继续推进退耕还林，2014—2016年退耕还林2800亩。政府购买红豆杉、黄杨等经济林木树苗，组织村民种植，种植规模为1500亩。验收合格后向农户发放种植补助，每亩补助240元，共发放5年，同时发放农户种植劳务费，每亩发放200元。

三、生态建设促进人居环境改善

（一）海雀村生态建设过程

早期的海雀村资源开发活动少，树木郁郁葱葱，村内森林覆盖率高。计划经济时期，村民对自然资源的开发活动增加，生态保护意识不强，生产活动对生态环境产生不利影响。特别是在"大跃进"时期的全民炼钢阶段，村民大量砍伐树木，森林遭到严重破坏。失去了森林的保护，海雀村泥石流等自然灾害频发，进而导致农业发展基础遭到破坏，适合种植粮食的耕地面积减少，土地肥力下降。村庄贫困因生态恶化不断加剧，1985

年人均纯收入 33 元，人均占有粮食 107 千克。当地民谣"海雀大坪子，荞麦过日子，要想吃顿苞谷饭，要等婆娘坐月子，要吃大米饭，除非下辈子"，道出了海雀人的辛酸。

1985 年 6 月 2 日，《国内动态清样》第 1278 期以《赫章县有一万二千多户农民断粮，少数民族十分困难却无一人埋怨国家》为题，报道了赫章县海雀村的贫困状况，受到党中央的高度重视。1988 年 6 月，经国务院批准毕节市成立"开发扶贫、生态建设"试验区。从 1987 年冬天开始，在村支部书记文朝荣的带领下，海雀人义务投工投劳，一场"战荒山，斗贫困"的"战役"在海雀村轰轰烈烈地展开。村民义务投工投劳，一代接着一代干，以村庄的力量促进了生态恢复。1994 年，海雀村自发植树造林基本结束，历时 6 年，植树造林超过 1 万亩。

森林植被恢复后，村庄的水源和水量逐渐增加。20 世纪 90 年代中期以后，国家开始实施退耕还林工程。以文朝荣老支书的"山上有林才能保山下，有林才有草，有草就能养牲口，有牲口就有肥，有肥就有粮"理念为指导，村庄继续大力实施退耕还林、森林抚育工程，逐渐形成了以森林植被为主体、林草结合建设秀美山川的可持续发展道路。海雀村现有林地面积 13400 亩，其中，2003 年退耕还林面积 1120 亩。全村户均拥有林地 60.4 亩，人均 15.4 亩。2018 年村庄森林覆盖率上升至 70.4%，生态环境持续改善。退耕还林进一步推进了海雀村的生态建设，使村民获得了相应的资金补助，深化了村民对退耕还林以及生态建设的认识。1995 年，海雀村被全国绿化委员会授予"全国绿化千佳村"称号。植树造林带头人文朝荣获得"长江中上游防护林系统先进个人""造林绿化先进个人"等荣誉称号。

（二）文朝荣精神与乡村旅游

海雀村森林覆盖率从不足 5% 提升到 70.4%，得益于文朝荣老支书

"艰苦奋斗、无私奉献、愚公移山、改变面貌"的精神，以及"有了党的好政策，还需自己更争气"的朴素理念。文朝荣 1971 年入党，1972 年担任海雀大队党支部副书记。1982 年成为海雀村的带头人——海雀村党支部书记。针对海雀村生态恶化和贫困交加的实际，文朝荣提出生态建设优先的思路，但植树造林遭到村民的一片反对。"连饭都吃不饱，哪有力气种树？""种树能当饭吃？""30 多个光秃秃的山坡，都绿化起来，得干几辈子啊？"种种质疑接踵而至。但文朝荣不改初心，提出"山上有林才能保山下，有林才有草，有草就能养牲口，有牲口就有肥，有肥就有粮"的朴素构想。虽然村民们认为文朝荣认死理儿，但大家还是信任他。因为他读了 3 年小学，是村里当时学历最高的文化人；为人正派，一心为公。① 于是，大家就拿起锄头、背篓，跟着文朝荣上山种树。

从 1987 年冬天开始，文朝荣带领村民自行植树造林。当时植树的条件非常艰苦。为了鼓励大家栽好树，文朝荣把老伴藏起来为女儿坐月子准备的鸡蛋"偷出来"煮了送给上山植树的村民吃。有一年过除夕，文朝荣还把自己家的公鸡煮了给上山植树的村民吃。在他的带领和鼓励下，经过三个冬天的苦战，他们在 30 多个山坡种植华山松、马尾松超过 1 万亩。在带领村民植树造林和开展基层组织工作中，文朝荣创新出一套务实管用的"群众工作六法"，即勤串门，摆政策；办急事，干实活；找路子，不苦熬；掏心窝，解疙瘩；我带头，一起干；当杆秤，作清泉。文朝荣解释道，勤串门，摆政策，"我入党的目的是为了多了解一些党的基本政策，多为群众办点好事"；办急事，干实活，"要把关心老百姓的疾苦放在工作的第一位"；找路子，不苦熬，"哪怕失败一百次，也不能死守旧摊子"；掏心窝，解疙瘩，"给你慢慢解释，直到你心服口服"；我带头，一起干，

---

① 王一彪等：《脱贫攻坚看海雀》，《人民日报》2019 年 2 月 13 日。

"幸福不是天上来，要靠我们自己去创造"；当杆秤，作清泉，"只有千年的名，没有千年的人，一定要堂堂正正做人，清清白白做事"。[①] 作为一位彝族党支部书记，他能够团结带领彝族、苗族同胞共同奋斗，一方面挑战贫困、绿化海雀，另一方面使大家和睦相亲、和谐相处。几十年来，村里未发生大的矛盾纠纷，没有信访案件，更没有刑事案件。2014 年文朝荣积劳成疾离开人世。贵州省委将文朝荣精神概括为"艰苦奋斗、无私奉献、愚公移山、改变面貌"，向全省发出了"远学焦裕禄，近学文朝荣"的号召。中组部追授文朝荣为"全国优秀共产党员"，中宣部追授文朝荣"时代楷模"称号。文朝荣"群众工作六法"被评为全国党的群众路线工作法 100 例优秀案例之一。

为拓展海雀村发展区域、扩大产业集群、增强脱贫致富内生力量，赫章县委、县政府在大量调研、论证的基础上，于 2014 年 12 月 31 日将原来的海雀村、老街村、花泥村合并为新海雀村，成立海雀村党委。新海雀村的建设定位是集"生态保护、党政教育、廉政培训、文化体验"为一体的旅游示范村。2018 年，海雀村党委与赫章县旅游开发公司（政府性质）、赫章县党校合作，在海雀村建立中共赫章县委党校——文朝荣精神教育实训基地，积极发展以党政教育为主题的培训基地和旅游产业，促进村庄的民宿产业发展。培训基地由赫章县旅游开发公司主导实施，由其负责组织管理和培训人员的伙食供应，请县党校老师来授课。结合"四在农家·美丽乡村"建设，投入资金 120 万元，帮助村民建设民宿，计划建设民宿 100 户。使学员能够与农户"同吃同住同劳动"。截至 2019 年 4 月已举办县级培训班 13 期（每天每人收费 130 元）和 4 期省级培训班（每天

---

① 《文朝荣群众工作六法》，2014 年 12 月 22 日，见 http://dangjian.people.com.cn/n/2014/1222/c391467−26254685.html。

每人收费 300 元）参与收益分配的有海雀村民宿农户、赫章县旅游开发公司、赫章县党校。已签订民宿合作的农户有 44 户，住宿房间 144 间，可安置 200 个床位。培训期间每个培训的房客一天为农户实现 30—50 元的增收。

（三）村庄综合环境治理

为落实贵州省委省政府提出的以"四在农家·美丽乡村"基础设施建设六项行动计划，促进海雀村旅游产业发展，海雀村在"一事一议"后启动实施农村连户路硬化、院坝硬化"两个硬化"工程，同时整合农村环境整治、危房改造、扶贫生态移民等资源，推进基础设施"六项行动计划"，解决基础设施服务建设"最后一公里"难题。

1. 建设小康路，搭建出行致富新通道

海雀村基础设施和公共服务设施发展滞后。通村公路道路状况差，路段晴通雨阻。脱贫攻坚以来，海雀村采取"政府提供砂石和水泥、干部进村入户指导、群众投工投劳"的方式，完成院坝硬化共 5000 多平方米。建设培训基地与矮化苹果种植连接的产业路 5 千米。"水泥路上不沾泥，硬化院坝同欢歌""美丽乡村是我家，农村不比城里差""汗水流了不可惜，小康生活争朝夕"一句句顺口溜，表达了群众的心声。

2. 建设小康水，保障人畜饮水安全

改革开放前，海雀人对本村森林等资源的过度开发，造成了水土严重流失，水源因失去树林的涵养而枯竭。村民要到五六千米外的山脚背水吃，农业完全是靠天吃饭。后来，在文朝荣的带领下，村民开展植树造林运动，森林植被逐渐得到恢复，水源和水量也不断增加。脱贫攻坚战以来，海雀村积极争取各方支持，推进小康水建设。利用财政、水利、扶贫等资金 200 多万元，修复饮用水池 3 个，铺设人饮工程管道 4000 米，修建防洪堤 600 米。修建集饮用、灌溉、观光于一体的小 II 型水库，解决了海雀及周边村寨安全饮水问题，解决了 2000 多头大牲畜饮水困难和 200 多亩耕地的灌溉问题。利用水利水务部门投入的建设资金 500 万元建设了 2 万立方米的山坪塘 1 个，解决了农户生产生活用水问题，增加了乡村旅游景观。

3. 建设小康房，加强住房保障

海雀村素有赫章县的"西伯利亚"之称，海拔高于县域内的其他地区，地理位置边远。村民建房的石料要到 10 千米外的地方购买，建房成本高，就近取材是村民的主要做法。1985 年，全村的农房以茅草房、权权房为主，80% 的村民衣不蔽体，食不果腹。进入 21 世纪，海雀村村民的住房条件差，人畜同居现象仍存在。2006 年年初，全村 206 户中仍有 70 多户住茅草房。脱贫攻坚战以来，海雀村围绕"抢机遇、搞整合、抓配套、全铺开"的思路，积极整合农村危房改造、扶贫生态移民搬迁等政策资源，配套改厕、建沼气池、硬化院坝等，全面推进小康房建设。建设生态家园 141 户，生态移民搬迁 8 户，全村 213 户全部建起了砖混结构的平房，其中 209 户按黔西北民居风格设计建造。推进"三改一气"（改厨、改圈、改厕、建沼气池）工程建设，完成 200 户改厕、150 户改圈、213 户农改灶，建沼气池 110 口，95% 以上的农户完成改厕和改圈工程，50% 的农户使用上了清洁再生能源。

4. 建设小康电，保障居民日常生活

脱贫攻坚实施前，海雀村尽管实现了通电，但是因为变压器老旧，电压不稳定。脱贫攻坚以来，海雀村在电力部门的支持下，新装 200 千伏安变压器 2 台，安装 400 伏输电线路 2100 米、220 伏输电线路 400 米。全村实施"一户一表"，村民生活用电与城里"同网同价"，居民端电压合格率达 94% 以上。由于电力供给的改善，大部分村民家里配置了电视机、洗衣机、电冰箱等现代家用电器，有的农户还购置了磨粉机、碾草机等电力农耕设备。电力供给改善不仅方便了农户日常的生活，也有力地支持了相关扶贫产业的发展。

5. 建设小康讯，保障居民日常通信

海雀村处于大山深处，通信设施建设滞后。脱贫攻坚以来，在政府的支持下，海雀村实施了小康信建设行动。河镇乡协调通信部门，在海雀村开办邮政营业网点，移动公司在海雀村修建了 4G 通信基站，实现了村庄通信信号的覆盖。海雀村 90% 以上的家庭用上了移动电话，装上了数字电视，而宽带网络也延伸到全村所有村民组，实现了"组组通宽带"。

6. 建设小康寨，打造宜居宜游新家园

在政府的支持下，海雀村实施了"三美三整洁"，即家庭美、环境美、村庄美，居民家中整洁、房前屋后整洁、地面墙壁整洁环境美化工程。建设垃圾集中堆放池 1150 个。购置 1 辆垃圾运输车、3 个垃圾斗和 23 个垃圾箱。建起了农家书屋、文化博物馆、生态小广场等。政府投入 120 万元，修建 3000 平方米的文化活动中心及 4500 平方米的生态公园，丰富了人们的文化生活。投资 153 万元修建了海雀村景观山塘，解决了村民饮水问题，增加了乡村旅游的景观。小康寨建设改善了海雀村的人居环境、夯实了农村发展基础、增强了农民发展后劲。海雀村人居环境治理，为发展喀斯特生态旅游打下了坚实的基础，一个宜居宜游的美丽乡村逐渐形成。

四、生态建设促进人居环境改善的经验与启示

从广义来看，人居环境包括居住区域的生态环境和居住条件（包括住房及村庄内的生活设施）。村庄的生态环境是村民人居环境的重要组成部分。生态建设是人居环境治理实现生态宜居的重要方式。海雀村实践案例

的经验在于通过生态建设促进人居环境改善。其因果逻辑在于生态建设促进了村庄生态恢复和提升并形成村庄治理的内源精神，生态环境改善和村庄治理内源精神成为村庄发展乡村旅游的核心资产。乡村旅游发展带动了村民生活设施的改善，并促进了村民增收和村集体收入增加。海雀村生态建设促进人居环境改善的经验主要有以下几点。

（一）培育村庄生态建设主体性的内源精神

生态建设和人居环境都离不开村民的参与。特别是生态建设、公共设施建设等具有村庄公共产品性质的建设需要村民的广泛参与。海雀村的实践案例表明村庄和村民主体性的发挥需要基层组织和干部（如文朝荣）的引领示范和带动，进而激发村庄的内生动力，甚至是形成村庄凝聚的内在发展精神（文朝荣精神）。归纳来看，村庄和村民主体性既能够促进村庄内源动力的形成，也能够减少人居环境改善的成本，还可以增加村民的获得感和成就感。

（二）乡村旅游是生态建设与人居环境改善有机结合的重要抓手

乡村旅游既需要贫困村生态环境优美，也需要村内人居环境卫生整洁。生态建设与人居环境改善是乡村旅游的前提，也是乡村旅游建设的重要内容。海雀村的实践案例表明，以乡村旅游实现生态建设促进了人居环境的改善，通过生态建设构建了乡村旅游的发展资源，而乡村旅游发展的内在要求带动了人居环境改善和村民增收。

（三）充分发挥政府的主导作用

人居环境改善建设内容分为村庄生态环境与公共设施建设和农户家庭

设施建设两个部分。生态建设、村内公共设施建设需要投入大量的资金与人力。激发村民内生动力，促进村民积极参与，能较好地解决生态建设与人居环境治理的人力需求问题。但生态环境和公共设施建设所需的大量资金则无法依靠群众自身力量完成集资，需要政府充分发挥资金资源优势，在生态环境和公共设施建设，甚至是农户家庭内部建设上给予项目资金支持，以及建设规划和指导。因而，充分发挥政府主导作用，是人居环境治理成效显著的关键。

第四章

乡风文明：脱贫攻坚与乡村振兴的文化与公共服务衔接

党的十八大以来，中央高度重视乡风文明建设工作。习近平总书记指出：“要弘扬新风正气，推进移风易俗，培育文明乡风、良好家风、淳朴民风，焕发乡村文明新气象。”①乡风文明是乡村振兴的关键，也是脱贫攻坚实现可持续脱贫的保障。乡村文化发展与公共服务建设是脱贫攻坚与乡村振兴战略的共同内容。

第一节　乡风文明衔接的背景

乡风文明有广义和狭义之分。广义的乡风文明是乡村的物质文明和精神文明的总和，狭义的乡风文明是乡村的科技、教育、文艺、道德等方面的状况，是乡村的精神文明。②在我国传统的农业社会，乡风文明是社会文明的“时代轴心”，承载了以农耕文化为主导的中国传统文化。我国由传统农业社会向现代工业化社会转型的过程中，传统性的乡风文明随着乡土社会瓦解而式微。进入新世纪以来，乡风文明经历了现代化的“改造”。乡村图书馆、农家书屋、文化广场等乡村文明的“硬件”设施得到长足发展，但是因照搬城市文化建设、农民传统价值观念滑坡、乡风民俗生产空

---

① 《习近平：举旗帜聚民心育新人兴文化展形象　更好完成新形势下宣传思想工作使命任务》，2018 年 8 月 22 日，见 http://www.xinhuanet.com/politics/leaders/2018- 08/22/c_1123310844.htm。

② 张元洁、田云刚：《乡风文明的谱系学分析与产业化重建》，《湖北社会科学》2019年第 10 期。

间萎缩、乡村文化主体缺失等原因，乡风文明似乎成为无源之水、无本之木，成为记忆中的乡愁。①

乡风文明的式微是在乡村社会快速转型背景下发生的。乡风文明的式微存在多种表现：一是原有乡村价值观受到冲击，农民传统价值观念滑坡。乡村与城市交流中，农民的价值观受到城市的冲击，重义轻利被利益至上、见利忘义取代，集体观念淡薄，个人主义抬头，荣辱观发生畸变，艰苦奋斗的淳厚民风逐渐消失，拜金主义、物质享乐主义盛行。二是乡风民俗的生存空间萎缩，乡村传统文化日渐式微。在市场经济深化发展和城市扩展之下，乡村原有的社会结构和运行机制发生变化，乡村难以坚守自己的文化立场，乡风民俗的生存空间萎缩。农民特别是青年农民对传统文化的认同大不如前。另外，在城市化冲击下，乡村文化遗产或文化景观遭到破坏，乡村文化的传承与保护被边缘化。② 三是乡村风气日益恶化。随着经济的发展，农民收入和生活水平日益提高，但是也导致了乡村中勤俭节约的传统逐渐消失。一些地方红白喜事大操大办，攀比炫富之风盛行，薄养厚葬、铺张浪费、封建迷信等不良习俗比较普遍。人情礼金成为农民的第二大开支，彩礼钱大幅增加，因婚致贫已不再是个别现象。

乡风文明式微，陈规陋习泛起，对脱贫攻坚产生了诸多不良影响，使贫困人口缺少了自力更生、勤劳致富、勤俭持家的精气神。习近平总书记指出："也有一些贫困户仍然存在等靠要思想，'靠着墙根晒太阳，等着别人送小康'。还有一种现象就是不在找脱贫门路上动脑筋，却在婚丧嫁娶方面讲排场搞攀比，办一次红白事，花销几万元甚至几十万元，要'随份子'，也要还人情，倒腾几回，钱全部花在了场面上。不少家庭不堪重负，

---

① 孙喜红、贾乐耀、陆卫明：《乡村振兴的文化发展困境及路径选择》，《山东大学学报》(社会科学版) 2019 年第 5 期。

② 同上。

有的被迫举家逃离，几年不回村。"① 从乡村振兴来看，乡风文明是乡村振兴的关键。把乡风文明与乡村经济发展、产业兴旺、生态宜居等结合起来，不仅能激发农民振兴乡村的主动性和自信心，也是"抓重点、补短板、强弱项"的要求，更是解决城乡文化"不平衡不充分发展"的重要抓手。②

总而言之，乡风文明建设是脱贫攻坚的重要内容，应与扶志、扶智相结合。振兴乡村文化，是焕发乡村风气新气象的重要举措，是乡村振兴的关键。以文化与服务建设为重点的乡村文化振兴能为乡村振兴提供强大而持续的内源动力，新时代需要有新乡风。

第二节　乡风文明衔接的政策重点

在乡风文明领域，脱贫攻坚政策主要集中乡风文明建设为脱贫攻坚提供强大的精神动力，通过弘扬中华传统美德，振奋贫困地区广大干部群众精神，坚定改变贫困落后面貌的信心和决心，凝聚全党全社会扶贫开发强大合力等方面。乡村振兴战略主要聚焦乡风文明建设的目的是繁荣兴盛农村文化，使农村焕发出新乡风气，工作重点包括加强思想道德建设，传承发展提升农村优秀传统文化，加强农村公共文化建设，以及开展移风易俗行动。下面将结合国家政策文件，分析脱贫攻坚与乡村振兴在乡风文明衔接领域的主要内容。

---

① 中共中央党史和文献研究院：《习近平扶贫论述摘编》，中央文献出版社 2018 年版，第 138 页。

② 孙喜红、贾乐耀、陆卫明：《乡村振兴的文化发展困境及路径选择》，《山东大学学报》（社会科学版）2019 年第 5 期。

一、加强思想道德建设

脱贫攻坚政策强调在贫困地区加强培育和践行社会主义核心价值观，弘扬中华民族自强不息、扶贫济困的传统美德。倡导现代文明理念和生活方式，改变落后风俗习惯，发挥乡规民约在扶贫济困中的积极作用，激发贫困群众奋发脱贫的热情。深化贫困地区文明村镇和文明家庭的创建。

乡村振兴战略注重从社会主义核心价值观培育、加强思想文化阵地建设、推进诚信建设等方面来加强农村思想道德建设。以社会主义核心价值观为引领，从教育引导、实践养成、制度保障三个方面，采取灵活方式和载体，注重典型示范，实施时代新人培育工程，宣传中国特色社会主义和中国梦，弘扬民族精神和时代精神。强化公共政策价值导向，建立重大公共政策道德风险评估和纠偏机制。巩固农村思想文化阵地，推动基层党组织、农村社区有针对性地加强农村群众思想政治工作。深化文明村镇创建活动，提高县级及以上文明村和文明乡镇比例。重视发挥社区教育作用，做好家庭教育，传承良好家风家训。在农村实施公民道德建设工程，广泛开展好媳妇、好儿女、好公婆等评选表彰活动，开展寻找最美乡村教师、医生、村官、人民调解员等活动。挖掘农村传统道德教育资源，深入宣传道德模范、身边好人的典型事迹，促进社会公德、职业道德、家庭美德、个人品德提升。推进诚信建设，建立健全农村信用体系，完善守信激励和失信惩戒机制。

二、传承发展农村优秀传统文化

脱贫攻坚政策强调支持贫困地区挖掘保护和开发利用红色、民族、民间文化资源。依托当地民族特色文化、红色文化、乡土文化和非物质文化遗产，发展贫困人口参与并受益的传统文化展示表演与体验活动等乡村文化旅游。开展非物质文化遗产生产性保护，鼓励民族传统工艺传承发展和产品生产销售。

乡村振兴战略强调立足乡村文明，汲取城市文明及外来文化优秀成果，保护利用好乡村传统文化。实施农耕文化传承保护工程，挖掘农耕文化优秀思想观念、人文精神、道德规范，发挥其凝聚人心、教化群众、淳化民风的作用。支持农村地区优秀戏曲曲艺、少数民族文化、民间文化等传承发展。结合特色小镇、美丽乡村建设，挖掘乡村特色文化符号，盘活地方和民族特色文化资源。引导企业家、文化工作者、退休人员、文化志愿者等投身乡村文化建设。发展乡村特色文化产业，建设特色鲜明、优势突出的农耕文化产业展示区，打造特色文化产业乡镇、文化产业特色村和文化产业群。促进文化资源与现代消费需求有效对接，推动文化、旅游与其他产业深度融合、创新发展。

三、加强公共文化建设

脱贫攻坚政策强调推动文化投入向贫困地区倾斜，集中实施一批文化惠民扶贫项目，普遍建立村级文化中心。鼓励文化单位、文艺工作者和其他社会力量为贫困地区提供文化产品和服务。推动贫困地区县级公共文化体育设施达到国家标准。

乡村振兴战略强调通过推动城乡公共文化服务体系融合发展，为广大农民提供高质量的文化产品。基于有标准、有网络、有内容、有人才的要求，完善乡村公共文化服务体系。发挥县级公共文化机构辐射作用，加强基层综合性文化服务中心建设，实现乡村两级公共文化服务全覆盖，提升服务效能。推进文化惠民，公共文化资源要重点向乡村倾斜，建立农民群众文化需求反馈机制，推动政府向社会购买公共文化服务，开展"菜单式""订单式"服务，提供更多更好的农村公共文化产品和服务。

第三节　仁乡村：乡村旅游促减贫与
文化振兴的案例与启示

一、乡村旅游扶贫与文化振兴

随着经济社会的发展，农村地区基于农业开发情况分为粮食生产区、传统农业区、乡村旅游区等多个区域。尽管适合发展休闲农业和乡村旅游的农村区域仅占全国农村的 5% 以下，[①] 但是近年来无论是中央还是地方，在实践上都将发展休闲农业与乡村旅游摆在农村和农业发展非常重要的位置。乡村旅游成为了扶贫的重要方式。2010—2014 年，我国通过发展乡村旅游实现 1000 万的人口脱贫，占全国贫困人口总数的 10% 以上。[②]

2015 年 8 月，国家旅游局、国务院扶贫办联合提出乡村旅游扶贫攻坚战略，以乡村旅游建设为载体，到 2020 年实现乡村旅游带动全国 17%（约 1200 万人）贫困人口脱贫目标。[③] 发展乡村旅游改善了贫困村的基础设施，加强了贫困人口与外界的交流，增长了见识、开阔了视野，实现了从封闭开发到开放发展的转变，有利于乡村传统文化的发扬与传承，推动了贫困乡村精神文明进步。[④] 但也有研究认为，乡村旅游也对当地

---

① 贺雪峰：《关于实施乡村振兴战略的几个问题》，《南京农业大学学报》（社会科学版）2018 年第 3 期。

② 鄢光哲：《乡村旅游已成为农村扶贫主渠道》，《中国青年报》2015 年 8 月 20 日。

③ 何红、王淑新：《多维角度下中国乡村旅游扶贫效应研究评述》，《中国农业资源与区划》2019 年第 4 期。

④ 梁海兰：《乡村旅游扶贫实现路径研究——以重庆市石柱县绿桃村为例》，《农业经济》2019 年第 11 期。粟娟：《武陵山旅游扶贫效益测评及其优化》，《商业研究》2009 年第 9 期。

淳朴民风造成冲击，破坏了乡村原貌和自然生态，对本土景观保护带来威胁。①

乡村旅游扶贫是政府、市场、社会、贫困群众多方参与互动的过程。根据不同的标准，乡村旅游扶贫具有多种模式。基于带动主体的不同，可以划分为"景区带村"模式、"能人带户"模式、"商品促收"模式和"企业（合作社）+农户"模式。②"景区带村"模式是在充分挖掘贫困地区文化旅游资源的基础上，通过建设旅游景点，带动当地及周边居民开展食宿接待、到景区务工、配套供应农牧产品和销售旅游商品等活动，促进农民增收和乡村文化发展。"能人带户"模式强调扶持人才投资开发乡村旅游资源和文化资源，带动周边贫困人口脱贫，促进乡村文化发展。"商品促收"模式是指推动贫困地区旅游商品的开发，如旅游纪念品、旅游化土特产品等，并将这些产品送到景区等游客相对集中区域，或以电商方式销售，实现农民增收。"企业（合作社）+农户"模式是以企业、村集体或专业合作社为主，联合农户开发乡村旅游资源，打造乡村旅游品牌，带动贫困农户在旅游产业中实现脱贫。

二、村庄概况及旅游优势资源

随着人们生活水平的提高，旅游人数日益增多，乡村旅游日渐兴起。贫困地区具有较好的生态环境和旅游资源。通过文化旅游资源开发促进贫困人口脱贫和贫困村发展振兴，已成为贫困地区农村发展的重要方式。国家发布的《中共中央 国务院关于打赢脱贫攻坚战的决定》提出，要依托贫困地区特有的自然人文资源，实施乡村旅游扶贫工程。全国《"十三五"

---

① 党红艳、金媛媛：《旅游精准扶贫效应及其影响因素消解——基于山西左权县的案例分析》，《经济问题》2017 年第 5 期。

② 叶晨曦：《我国乡村旅游扶贫模式与发展策略》，《改革与战略》2017 年第 10 期。

脱贫攻坚规划》要求因地制宜发展乡村旅游，以具备发展乡村旅游条件的2.26万个建档立卡贫困村为乡村旅游扶贫重点，推进实施乡村旅游后备箱工程、旅游基础设施提升工程等一批旅游扶贫重点工程，打造精品旅游线路，推动游客资源共享。

（一）村庄基本情况

巴马瑶族自治县地处广西壮族自治区西北部，隶属广西壮族自治区河池市，旅游资源丰富，是著名的长寿之乡。巴马县是革命老区县，是右江革命根据地的中心腹地，是邓小平、张云逸、韦拔群等老一辈无产阶级革命家生活和战斗过的地方，红色旅游资源开发潜力大。更为重要的是，巴马是国内唯一被国际认可且是世界唯一长寿人口持续增长的长寿之乡，具有极大的健康养生旅游开发价值。全县29.9万人中，80—89岁老人有3470人，90—99岁老人有726人，100—109岁老人有94人，110岁以上老人有6人。巴马全县森林覆盖率达70%，生态保护完好，素有"天然氧吧"的美誉。巴马县还是"中国香猪之乡"，巴马香猪早在宋朝就已作为贡品进贡皇室，有"一家煮肉四邻香，七里之遥闻其味"的美称。巴马县也是国家级贫困县，贫困人口众多。近年来，巴马县委县政府抓住国家旅游局定点帮扶机遇，大力创建国家全域旅游示范区和国家旅游业改革创新先行区，在仁乡村等贫困村开展乡村文化旅游扶贫。

仁乡村位于巴马县北面，隶属于巴马县甲篆镇，属于巴马长寿之乡发源的核心区域。全村下辖33个自然屯，25个村民小组，总户数615户，总人口2724人。"老、少、边、山、穷"是仁乡村的真实写照。脱贫攻坚以来，仁乡村精准识别建档立卡贫困人口104户464人，贫困发生率为17%。仁乡村拥有良好的自然人文资源。拥有以帝黄宫、洞天福地为代表的奇特岩溶洞穴景观，拥有以好龙天坑为代表的天坑景观，拥有集中连片600亩的山乡梯田景观，拥有以壮族、瑶族为代表的少数民族文化，以及三卡山、猴山为代表的喀斯特山岳景观，以长寿湖为代表的水景观。最具独特性的资源是仁乡村绝佳的长寿养生环境，这里有充足的阳光、空气、水、土壤、负氧离子资源等，造就了仁乡村80岁以上老人37人，100岁以上老人5人的长寿村纪录。仁乡村也是广西壮族自治区旅游发展委员会挂点帮扶的贫困村。

（二）仁乡村的旅游优势资源

仁乡村位于巴马盘阳河旅游带的北端，与4A级旅游景区百魔洞山水相依，旅游区位条件好，村内旅游资源丰富，具有绝佳的气候生态环境、神秘的养生长寿文化、浓郁的壮瑶民俗文化、奇特的岩溶地貌景观、丰富多样的生物景观、迷人的山水田园风光，其发展乡村旅游开发价值高、发展潜力大。

1. 绝佳的气候生态环境

仁乡村拥有条件绝佳的阳光、富含负氧离子的空气、小分子弱碱水、地磁以及微量元素及矿物质土壤等，这些优良的生态条件的组合正是当地人们长寿健康的根本原因。

2. 神秘的养生长寿文化

仁乡村内百岁长寿老人较多，80岁以上的老人37人，主要分布在好龙屯、内弄海屯、外弄海屯、德追屯、弄腰屯、交美屯。村屯所处的纬度地带环境、地质地貌环境、气候环境、水土环境和生态环境独特，适宜养生，因此吸引了国内众多"候鸟人"（其他地方慕名而来，定期在巴马居住养生的人们）来此居住，同时也吸引了澳大利亚、俄罗斯等国外游客到此探秘长寿文化。

3. 浓郁的壮瑶民俗文化

仁乡村壮族、瑶族人口占总人口的 46.28%，壮族、瑶族风俗习惯与当地汉族习俗融合，孕育出丰富的民俗文化，如补粮添寿、"三月三"山歌、敬老习俗等。

4. 奇特的岩溶地貌景观

仁乡村岩溶地貌景观规模宏大、特色突出，岩溶洞穴的洞底高低起伏、错落有致，绝大部分洞道空间开阔深远，呈现时缓时陡、时宽时窄的地貌特征。洞内各类沉积形态变化万千，拟人状物，惟妙惟肖，构成了一系列相互连属、意境奇绝的景观。

5. 丰富多样的生物景观

仁乡村内生态环境良好，生物景观丰富多样，在弄海屯的原始森林里有一群野猴，数量约 300 只，成为当地的一大奇特生物景观。

6. 迷人的山水田园风光

仁乡村自然景观资源丰富，山清水秀，阡陌田园，景色宜人。村内水域资源主要有两河三沟（帝皇宫地下暗河、沿村河，交毛沟、龙幺沟、牛平沟）。沿村河从地下涌出，蜿蜒近千米后汇入百魔洞，水质清澈，宛如翠玉，交毛沟、龙幺沟、牛平沟是村内主要饮用水源。在 208 省道与乡道交界处有 600 亩连片梯田，田畴似锦，乡村野趣，充满浓郁田园风光。

三、文化资源开发规划与实施

仁乡村的旅游扶贫依托巴马县长寿养生整体资源，由政府主导开发仁乡村的长寿养生文化资源和自然景观，并将仁乡村的乡村旅游扶贫实践与巴马县整体长寿养生旅游资源整合，促使仁乡村的乡村旅游嵌入周边的旅游景区之中，增强仁乡村的旅游产业发展和脱贫效益。

（一）乡村旅游开发的规划

为促进仁乡村的乡村旅游快速发展，2015年巴马县旅游局、扶贫办等相关部门聘请广西旅游规划设计院的专家为仁乡村制定旅游扶贫村级发展规划。依据该规划，仁乡村发展乡村旅游立足该村地理区位、旅游资源潜质、特色产业、社会现状及其优势，围绕旅游发展和脱贫致富两大任务，定位于以村庄发展为依托，以秀美的山水田园风光、葱郁的森林景观、独特的喀斯特地貌和养生长寿资源为主体，打造以休闲乡村旅游为主要特色，集山水观光、休闲度假、科普教育、民俗风情体验等功能于一体的效益显著、功能完善、特色鲜明、可持续发展的旅游示范点。仁乡村的旅游扶贫项目建设包括基础设施建设、存量旅游资源改造项目和新建旅游项目等内容。

在发展目标上，通过5年的建设，至2020年年末建成四星级乡村旅游区，村庄产业结构得到调整优化，旅游产业成为主导产业，旅游产业经济收入达到仁乡村总经济收入的50%以上。仁乡村旅游区接待游客总量达21万人次，建设10家农家餐馆、10家乡村特色民宿、20家以上农家乐、5家土特产品经营店，开发仁乡村土特产品达10种以上，形成旅游产业体系。

图 4-1　仁乡村的乡村旅游发展定位

（二）乡村旅游资源开发实施情况

仁乡村的乡村旅游扶贫实践分为两个阶段。第一阶段是 2016—2018

年，通过完善仁乡村的各项旅游基础设施和服务设施，初步形成旅游氛围，带动农户增加收入，实现贫困人口稳定脱贫。重点建设的内容有五彩田园、黑木耳食用菌产业孵化基地、仁乡风情村等经营性旅游项目建设；完善仁乡村游客服务中心、停车场、标识引导系统、旅游厕所等旅游基础设施建设，以及加快实施村村通道路工程，对排水、电信、网络、环卫、电力等设施进行改造、提升；建设村委会办公楼、图书馆、卫生室、活动中心、篮球场等社区基础设施；实施乡村旅游人才培训。

第二个阶段是 2019—2020 年，持续推进乡村旅游建设工作，创建成为广西四星级乡村旅游区、广西旅游扶贫示范点。重点建设的内容有：大力发展乡村休闲度假旅游产品，指导农户参与农家乐、农家餐馆、乡村民宿等多种形式的旅游活动；建设农村农产品网络销售平台，实现农产品生产、包装、销售等全过程服务；扩大乡村旅游区内村屯产业规模，促进产业融合，构建乡村旅游区完善的旅游产业体系；建设旅游区管理机构，制定有效的经营机制，加强旅游服务质量、旅游安全、旅游监管、旅游卫生等方面的建设。相关的具体实施情况如下。

1. 五彩田园项目

在仁乡村周围 600 亩主要田地里种植具有观赏性的农作物。依托仁乡村优美的田园耕作景观，开发以农业休闲观光为主，集药草、水稻瓜果、蔬菜、花卉、食用菌等特色种植园的现代农业观光休闲园。其中，稻香田园 150 亩，选择翠绿、暗红、嫩黄等不同颜色的水稻，形成稻田景观；绿色蔬菜园 100 亩，种植原生态无公害蔬菜，铺设观光廊道等旅游设施，建设现代绿色生态蔬菜园；建设飘香瓜果园 100 亩，种植葡萄、西瓜、柑橘等水果，实施水果采摘项目，为游客提供水果自助采摘、水果品尝等旅游项目；建设长寿药草园 100 亩，种植火麻、铁皮石斛等长寿药草。

2. 仁乡风情村项目

依托仁乡村浓郁的乡村民俗文化，以仁屯为示范点，开发以乡村休闲为主的仁乡风情村，策划风情体验、民俗采风等乡村旅游产品。建设内容有：乡村大集市，位于仁屯游客服务中心东侧，占地面积约 200 平方米；田园农家乐，以五彩田园绿色无公害农副产品为依托，以"绿色、健康、长寿养生"为主题，占地面积 800 平方米，带动仁乡村农家餐饮向规模化、主题化、特色化方向发展；乡野酒吧街，在尊重民意的前提下，在仁屯选取 10 户村民的房屋进行存量改造，每户改造约 100 平方米给游客提供多种休闲娱乐项目选择，丰富田园乡村旅游项目的旅游业态；乡村农家乐，在尊重村民意愿的前提下，依托仁乡村各村屯农户的现有住宅，通过农户自主创业的方式发展乡村农家乐，同时配套住宿、餐饮、土特产销售等服务；黑木耳食用菌产业孵化基地，种植面积 20 亩，生产基地采取"企业＋合作社＋农户"模式，企业负责全村黑木耳食用菌产业的推广、培训、生产管理、产品销售、技术服务等，通过与广西寿菌园食品有限公司合作，以甲篆镇仁乡村食用菌农民专业合作社为实施主体，农户充分参与，利用生物技术与设施技术相结合的方式，进行食用菇类的良种扩繁，积极引进先进的机械设备进行规模化生产。另外，还有寿园湖、思源地、寿园水廊等项目建设。

3. 旅游基础设施项目

建设仁乡村游客服务中心 1 座；建设生态停车场 1 个，占地面积约 2800 平方米；在仁屯、那弯、那怀、那合、寿源湖、山平、交美共建设旅游厕所 7 个；建立旅游标识引导系统，包括全景导览牌、景点景区介绍牌、指示牌、警示关怀牌、标识牌等。

4. 公共基础设施建设

改善提升村组道路，将其扩宽为 4 米，其中改建明山屯至文山平屯的村级道路 5 千米、尾洞至老德追的村级道路 2.7 千米、坡月至弄怀的村级道路 7.9 千米。建设硬化仁屯至那拉等 8 条通屯道路 12.8 千米。规划建设给水工程，对仁乡村的各村屯进行统一集中供水，满足供水需求。规划建设排水工程，完善村庄排水设施，疏通排水沟渠，逐步实现了村庄排水雨污分流制。

5. 村庄公共服务设施建设

建设村委会办公楼、图书馆、医疗卫生室、篮球场等公共服务设施。

四、贫困农户参与机制和实施效果

（一）贫困农户参与机制

根据仁乡村不同类型农户和贫困原因，设计实施了"景区 + 合作社 + 农户""合作社 + 农户"和独立经营三种农户参与模式。

1. "景区 + 合作社 + 农户"模式

该模式适用于景区周边的村屯。景区采用征地补偿、土地入股或资助等方式增强贫困农户旅游发展的造血功能。另外，景区通过租售摊点、招聘保洁人员及服务员等形式为周边的德追、烟洞、河边等屯的贫困户创造就业机会。

2. "合作社 + 农户"模式

仁乡村成立的生态农业合作社在乡村旅游扶贫中的主要任务有：一是推荐就业，重点推荐贫困户到洞天福地或帝皇宫等景区就业；二是整合生产要素入股，整合了那弯、那拉等屯贫困户的土地资源，村内的剩余劳动力资源，以及农产品资源，入股五彩田园等项目；三是协调农户与旅游企业间的利益分配；四是监督管理旅游开发行为，防止旅游开发过程中的无序开发或环境污染等，保障乡村旅游的可持续发展。

3. 独立经营模式

针对有一定发展能力的贫困户，给予政策、资金的支持，鼓励贫困户开展自主经营项目。贫困户可根据自身生产条件，通过兴办旅游经营实体（如开办农家乐、特色住宿、饭馆经营等），销售特色手工艺品等，提供农产品等参与旅游扶贫。

（二）实施效果

旅游扶贫的目的在于发挥地区的旅游资源优势，发展地区经济，增加农民收入，提高贫困村和贫困人口自我发展能力。仁乡村的乡村旅游扶贫效果体现在以下方面。

1. 乡村文化得到传承与发展

仁乡村旅游资源丰富，种类多样，能满足游客不同的乡村旅游体验需求，具有较大吸引力。通过挖掘长寿文化等旅游资源，形成了较有特色的旅游产品，增加了仁乡村的经济收入，同时也起到了传承和发扬村庄长寿养生文化的作用。另外，开发旅游资源带动了交通运输、住宿和餐饮等相关产业的发展，贫困对象通过创办农家乐、餐馆，向游客出售农副产品等，深化了旅游扶贫资源开发。另外，仁乡村拥有丰富的旅游资源，乡村旅游扶贫将仁乡村潜在优势旅游资源转化为高附加值的旅游产品，带动了市场的有效需求，增加了村庄内部的发展动力和村民的收入。

2. 带动村民发展意识和能力提升

仁乡村旅游扶贫项目实施后，带来了积极效果，贫困人口发展意愿和能力得到了显著提升。根据调研了解到，仁乡村104户贫困户中有71户愿意或正在通过旅游资源开发来摆脱贫困，占比68%。其中，15户愿意或正在利用住房改造成农家乐，开展住宿和餐饮接待服务；14户愿意或正在通过销售手工艺品参与旅游资源开发；13户愿意或正在开展特色种植，给游客提供农事采摘等体验活动；21户实施了特色养殖，并参与农副产品加工或为餐馆或向游客提供农副产品等土特产。贫困户发展意识和能力的提高，激发了村庄的内源发展动力，从而带动了当地农民的就业，带动了乡村民宿、土特产售卖、特色种养殖等相关产业的发展。旅游资源的开发为仁乡村村民提供了许多间接就业机会。据了解，有相当一部分村民参与到旅游区的开发与管理工作中。另外，政府通过积极组织开展旅游知识技能培训，提升贫困对象的发展技能水平。如扶贫办等相关部门根据参与旅游扶贫贫困农户的技能发展需求，针对性地进行"旅游实用技术培训""就业技能培训"等，并对参与培训并取得技能等级证书的贫困户给予资金补助并推荐就业。

3. 促进村民脱贫

仁乡村通过旅游扶贫项目，在餐饮、住宿、特色农产品销售等多个方面为贫困户提供就业创业机会，增加其收入，带动其脱贫。仁乡村的旅游扶贫实践表明：旅游扶贫项目效益具有较强的可持续性，项目建设结束后，旅游产品及其相关产业的运营将发挥长期减贫效益，保障了贫困人口稳定脱贫，是构建长效脱贫机制的重要尝试。同时，旅游项目建设充分发掘了仁乡村的特色优势资源，一定程度上改造了传统农业种植（如种植了600亩连片梯田等），推动了村庄产业发展结构调整和产业融合发展，壮大了村集体经济。

4. 政府与村民制度化互动增强

在旅游扶贫项目中，政府与村民之间建立了多元化的互动机制，互动的制度化得到加强。仁乡村旅游扶贫积极发挥村民代表大会机制，增加贫困户代表比例，强化其利益表达和诉求权利。村级组织定期组织召开村民座谈会，倾听村民特别是贫困户对村庄旅游发展的看法或要求，及时将相关意见或建议反馈至县级旅游等相关部门，由相关部门根据意见情况调整旅游扶贫措施。政府部门建立了重大事宜的通报制度、协商制度，力争实现任何旅游发展方案或决策都要经过充分讨论，听取各方意见，特别是当事村庄和贫困户的意见。充分发挥项目调查、信访制度等机制，畅通贫困户利益表达渠道，帮助贫困户以多样化、合法化、组织化、制度化的方式表达自身的利益，从源头上减少了贫困人口与其他利益主体的矛盾，保障旅游扶贫开发的顺利进行。

五、乡村旅游促减贫与文化振兴的经验与启示

乡村旅游扶贫是一项综合性工程，在乡村旅游产业项目中不仅有乡村自然资源、生态资源的开发，也融合了文化资源的开发。因而乡村旅游扶贫是产业扶贫与文化开发扶贫的有机结合，兼具脱贫与发展乡村文化的功能。旅游产业持续发展在乡村旅游扶贫中发挥了重要作用，是实现稳定脱贫和乡村文化振兴的基础条件。而贫困人口参与则是实现稳定脱贫和乡村文化振兴的关键。为此，下面将结合仁乡村的案例，从旅游产业持续发展和贫困人口参与两个层面，探讨乡村旅游扶贫促进减贫与文化振兴的经验与启示。

（一）加强宣传和引导

乡村旅游扶贫发展对市场的依赖度高。在旅游产业发展的初期阶段，旅游产品知名度低、游客量少，村民基于风险规避原则，参与旅游扶贫的积极性不高。这就需要政府充分宣传，通过组织参与旅游产品推介会、打广告等方式，大力宣传旅游扶贫项目建设的旅游品牌，提高旅游扶贫项目品牌的社会知晓度和知名度。另外，针对村民基于风险考虑参与旅游扶贫积极性不高的情况，可以通过支持和培育发展旅游示范户、加强对贫困户参与旅游扶贫的宣传和支持力度等方式，提高村民特别是贫困户参与旅游扶贫的积极性。

（二）充分发挥政府的主导作用

在贫困地区旅游发展中，政府需要充分发挥推动者和引导者的角色。在旅游扶贫工作中，政府既要编制旅游扶贫规划，科学引领旅游扶贫工作，也需要统筹安排旅游扶贫资源开发，加强旅游设施建设，改善贫困村旅游发展环境，同时还要创新资源投入机制，从降低风险、加大资金和金融支持等方面帮助贫困户依托项目建设实现脱贫。

（三）以旅游合作社为平台引导贫困户积极参与

成立旅游合作社能正确引导贫困户参与乡村旅游的发展，在经济方面合作社能够帮助贫困户筹措开展旅游经营活动所需资金，协调金融机构提供小额贷款等。在政策支持方面，合作社应设置奖励制度。如在仁乡村旅游开发过程中，合作社对作出成绩的示范户进行公开表彰和宣传，提高仁乡村贫困户参与旅游的积极性。在利益分配方面，合作社应协调好贫困户、企业和政府之间的利益问题，降低贫困户开发的盲目性，促进参与主体利益的公平分配。

（四）实现贫困人口的"增权"

"增权"，是指个人、组织和社区通过挖掘内部潜能从外部获得能力或者资源的过程，表现为个人、组织和社区获得更多的政治权利和社会资源。旅游扶贫开发要让贫困户更多地意识到他们所拥有的具体权益，以及在经济发展过程中如何实现自己的利益诉求和经济利益；更多地意识到发展个人能力对于获取社会资源的重要性，促使贫困户更多地接受来自政府和社会组织的指导，实现自我能力的提升和自我发展。

第四节　合寨村：政府与村庄合力供给公共服务的案例与启示

一、村级公共服务中心与公共服务供给

党的十九大报告指出，进入中国特色社会主义新时代，我国社会主要矛盾已经转化为人民日益增长的美好生活需要和不平衡不充分的发展之间的矛盾。当前我国最大的发展不平衡是城乡发展不平衡，最大的发展不充分是农村发展不充分，农业发展质量效益和竞争力不高，农民增收后劲不足，农村自我发展能力较弱，城乡差距依然较大。[①] 党的十九大提出实施乡村振兴战略，完善公共服务体系，保障群众基本生活，打造共建共治共享的社会治理格局，不断满足人民日益增长的美好生活需要，不断促进社会公平正义，形成有效的社会治理、良好的社会秩序，使人民获得感、幸福感、安全感更加充实、更有保障、更可持续。

发展农村公共服务是满足农民美好生活需要和促进乡风文明的重要内容。随着农业税取消后基层政府公共财力的下降和农村公共服务需求增长的日趋多样化，我国农村公共服务供给呈现政府、市场、社会组织、村民合作多主体供给势态。在政府供给农村公共服务上，行政层级过多造成政府的财政无法真正下移，农村公共服务中政府缺位、错位和越位问题凸显，要合理划分中央、省、县三级政府间的事权与财权。[②] 在农村公共服

[①]　韩长赋：《大力实施乡村振兴战略》，《人民日报》2017 年 12 月 11 日。

[②]　李明阳：《论农村公共服务有效供给视角下的三级财政体制》，《思想战线》2013 年第 S1 期。

务市场供给上，市场化的供给机制不必然带来供给效率的提高，反而有可能对供给的公平性造成损害。① 在农村公共服务的社会化供给上，社会组织供给存在公共服务层次低、规模小、农民满意度低等问题，需要培育新型社会组织，促进社会组织发展，建立社会组织参与农村公共服务供给的长效机制。② 在乡村公共服务自主供给上，以重构乡村社会资本、推动乡村自组织发展化解公共服务自主供给也存在合作失败等困境③。另外，针对单一主体供给农村公共服务存在的问题，一些学者提出建构政府、市场、社会组织、乡村组织多元协作的供给格局④，以及建立基于村民需求表达、各主体有序竞争、协同合作的供给路径⑤。

现有的研究从理论、政策等多个方面分析了农村公共服务供给存在的问题，以及农村公共服务合作供给的路径、条件等，取得了非常有价值的研究进展，但对村级公共服务特别是贫困地区村级公共服务的关注不够。

---

① 林万龙：《农村公共服务市场化供给中的效率与公平问题探讨》，《农业经济问题》2007 年第 8 期。

② 张开云：《社会组织供给农村公共服务：现状评价与政策取向》，《江西社会科学》2010 年第 11 期。史传林：《非政府组织参与农村公共服务的理论分析与政策选择》，《学术交流》2007 年第 9 期。

③ 汪杰贵、周生春：《建构农村公共服务农民自主组织供给制度——基于乡村社会资本重构的研究》，《经济体制改革》2011 年第 2 期。陈潭、刘建义：《农村公共服务的自主供给困境及其治理途径》，《南京农业大学学报》(社会科学版) 2011 年第 3 期。吴光芸：《社会资本理论视角下的农民合作——农村公共服务供给的一种途径》，《学习与实践》2006 年第 6 期。

④ 艾医卫、屈双湖：《建立和完善农村公共服务多元供给机制》，《中国行政管理》2008 年第 10 期。吴业苗：《"一主多元"：农村公共服务的供给模式与治理机制》，《经济问题探索》2011 年第 6 期。

⑤ 刘彤、张等文：《多中心供给：后农业税时代农村基本公共服务的有效供给模式》，《学习与探索》2012 年第 5 期。陈世伟：《我国农村公共服务供给主体多元参与机制构建研究》，《求实》2010 年第 1 期。杨玉明：《多中心治理理论视野下农村公共服务供给模式创新路径研究》，《云南行政学院学报》2014 年第 3 期。

党的十九大报告指出，要加强社区治理体系建设，推动社会治理重心向基层下移。近年来，随着我国撤点并校、医疗卫生服务改革等基本公共服务均等化举措的深入推进，部分农村公共服务供给从农村社区"上移"到乡镇甚至县级。为满足不同村庄及村民的差异化文化服务需求，以村级公共服务中心为平台的公共服务供给实践日益增多。

随着城乡发展差距的进一步拉大，加强乡村公共服务建设，推动社会治理重心向基层下移，提升农村社区公共服务供给水平，已成为促进社会公平正义和满足人民美好生活需求的迫切任务。党的十八届三中全会提出要"统筹城乡基础设施建设和社区建设，推进城乡基本公共服务均等化"，并明确提出要"建设综合性文化中心"的改革任务。党的十九大报告提出，要完善公共服务体系，保障群众基本生活，加强社区治理体系建设，推动社会治理重心向基层下移，打造共建共治共享的社会治理格局，不断满足人民日益增长的美好生活需要。2015 年，中共中央办公厅、国务院办公厅印发《关于加快构建现代公共文化服务体系的意见》，指出当前农村公共服务体系建设水平仍有待提高，要促进城乡基本公共文化服务均等化，推动革命老区、民族地区、边疆地区、贫困地区公共文化建设实现跨越式发展，保障老年人等特殊群体基本文化权益，建立基本公共文化服务标准体系。

基层综合性文化服务中心（在村级则为村级公共服务中心）建设是新时期我国推进农村公共服务供给重心下移和促进城乡基本公共文化服务均等化的重要举措。2015 年国务院办公厅印发《关于推进基层综合性文化服务中心建设的指导意见》，指出基层群众的精准文化需求呈多层次、多元化特点，而农村尤其是贫困地区农村的公共文化设施不足的问题突出，面向基层的优秀公共文化设施供给不足，因缺少统筹协调和统一规划，公共文化资源难以有效整合、条块分割、重复建设、多头管理等问题普遍存在。推进基层综合性文化服务中心建设，有利于完善基层公共文化设施网络，补齐短板，打通公共文化服务的"最后一公里"；有利于增加基层公共文化产品和服务供给，丰富群众精神文化生活，充分发挥文化凝聚人心、增进认同、化解矛盾、促进和谐的积极作用；有利于统筹利用资源，促进共建共享，提升基层公共文化服务效能。

广西壮族自治区在 2009 年就开始整合资源，以村级篮球场和文化舞台建设为突破口，整合体育、文化、卫生等项目，启动实施村级公共服务中心建设。广西壮族自治区政府办公厅 2009 年印发《关于开展整合村级社会事业项目建设公共服务中心试点工作的通知》，提出试点建设村级公共服务中心的建设任务；2010 年下发《关于做好 2010 年村级公共服务中心建设工作的通知》，提出建设 500 个村级公共服务中心的目标。村级公共服务中心建设包括：一个篮球场和室外乒乓球场、一个文艺舞台、一栋公共服务综合楼（包括多功能活动室、农家书屋、人口计生服务室、卫生室等）、组建一支农民文艺队、一支农民篮球队。村级公共服务中心建成后，应具有文化娱乐、健康服务、文化学习、宣传教育等功能。

此后，广西壮族自治区政府办公厅按照年度连续印发做好村级公共服务中心建设工作通知，并逐年加大财政整合和投入力度。2009—2017 年，广西壮族自治区本级财政累计安排专项建设补助资金 19.68 亿元，其中 2009 年安排 0.1 亿，2010 年安排 0.8 亿，2012 年增加到 1.76 亿，2013—2016 年年均安排 3 亿元，2017 年安排 5.02 亿。村级公共服务中心建设覆盖率不断提高，2009—2016 年累计建成 7079 个村级公共服务中心，覆盖 50% 的行政村，覆盖率居全国前列。① 村级公共服务中心的使用有效保障

---

① 《广西财政大力支持村级公共服务中心建设》，2017 年 5 月 12 日，见 http://www.gxcz.gov.cn/gxzzzzqczt/gzdt/jgdt/201705/t20170527_64895.html。

了农民享受现代文明的权益，村级公共服务中心成为村民精神文化生活的主要阵地和村庄治理的重要服务平台。各地依托村级公共服务中心设立党员远程教育点、创建农业科技示范基地、举办各类技术培训班，通过实施"文化致富"工程，开展农村"两委"培训和基层文化骨干培训大行动，培养了大批农村致富带头人、经济能人和文化骨干，推动实现公共服务实效化。

村级公共服务中心作为农村文化服务供给的重要平台，旨在通过加强农村社会公共服务设施建设，解决村级组织无办公服务场所、农民群众无文化活动场地等问题；通过逐步完善农村村级组织制度以及村民办事制度来努力实现城乡公共服务均等化。另外，村级公共服务中心建设也推进了农村公共服务供给的标准化和差异化需求相结合。

二、村庄概况

合寨村隶属广西壮族自治区河池市屏南乡，位于宜州、柳江、忻城三县（市）交界处，距屏南乡政府所在地 12.5 千米，属于大石山区民族贫困村落。村庄总面积 33.4 平方千米，耕地面积 3578 亩，人均耕地面积 0.8 亩。全村 12 个自然屯，1050 户 4636 人，其中壮族人口占比 95.3%。合寨村是改革开放之后我国第一个建立村民自治委员会的村庄，是新中国村民自治"第一村"。20 世纪 80 年代初期随着家庭联产承包责任制的推行，农民的生产积极性被充分地调动了起来，农业生产得到了快速发展，但合寨村公共事务和群众生产生活的管理一度出现涣散，引发了许多社会问题和矛盾。村民大胆冲破生产队的僵化体制束缚，以差额选举的方式产生了新中国第一个村民委员会，订立了第一个《村规民约》，实行自我管理、自我教育和自我服务，拉开了中国农民"直接行使民主权利，依法管理自己的事情，创造自己的幸福生活"的历史序幕。由于合寨村在我国农村制度发展上的特殊地位，当地政府在村庄的建设与发展上给予了较大的政策和资金倾斜，村庄的公共服务设施建设也实现了较快发展。合寨村也是广西壮族自治区推进村级公共服务中心建设项目实施较早的村庄。

三、村级公共服务中心的服务供给机制及效果

（一）村级公共服务中心的服务功能

随着乡村社会发展与村民物质文化生活水平提高，合寨村村民对村庄服务管理、文化娱乐、医疗卫生等方面的需求呈现多层次、多样化特点，加上城乡流动日益活跃，村庄与外部的联系日益增强，依靠村民自治组织供给公共服务已难以满足村民日益增长的公共服务需求。借助广西壮族自治区建设村级公共服务的政策，合寨村着手建设村级公共服务中心。村级公共服务中心总投资 200 余万元，其中政府投入 150 万元，剩余部分通过村民集资解决。村级公共服务中心设施包括村级事务代理办公室、村级标准卫生室、村综合文化活动室、为农综合服务站、便民农家店、村委会（党支部）办公室、综合办公（档案）室、警务综治（值班）室、农村党员远程教育（多功能活动）室、阅览（宽带网络浏览）室、乒乓球室、老年人活动（棋牌）室、篮球场、村务公开栏、村民户外活动小广场等设施。

依托村级公共服务中心，合寨村设立了党员远程教育点，举办各类技术培训班，以及文化体育娱乐活动。乡镇相关部门在合寨村村级公共服务中心设立驻点办公室，安排乡镇工作人员到村值班。村民申请某些资助补贴不需要跑到乡镇政府去盖公章，在公共服务中心就能够解决。同时村级公共服务中心是民兵营所在地，兼顾治安功能，遏制违法犯罪

行为，维护村庄安全和维持乡村秩序，实现群众安居乐业。在合寨村村级公共服务中心的运作经费方面，政府按季度给予补助，主要用于村级公共服务的日常运转经费，另外村庄通过流转山林，每年有约2万元的村集体经济收入，用于以村级公共服务中心为平台开展村庄文化、体育、娱乐活动。

（二）村级公共服务中心的服务供给机制

1. 政府与村庄合力提供公共服务供给资源

农村公共财政制度是我国公共财政制度的重要组成部分，是公共财政体系对满足农村居民公共产品需求的制度安排。公共服务是公共产品的重要类型，在集体经济时代，农村公共服务支出由集体经济收入中支出。人民公社解体后，村集体经济收入大幅降低甚至消失，农村公共服务支出转为村民集资或政府投入。没有集体经济、劳动力大量外流的村庄，村级公共服务支出主要由政府投入解决。地方财政能力弱，对村级公共服务财政支出少，使农村公共服务供给往往容易遭遇困局。与其他无集体经济的贫困村不同，合寨村公共服务的资源包括政府投入和集体经济收入两部分。政府每季度给予合寨村5000元的村级公共服务经费支持，每年共计2万元，主要用于保障基本公共服务的有效输出，如购买办公用品等办公经费支出，以及村级公共服务中心的运转经费（如水电费、网费、维修费等）支出。合寨村通过流转集体山林，每年集体经济收入约2万元，主要用于节假日举办文艺活动、接待、村民会议支出等公共服务支出。政府财政拨款和集体经济收入保证了合寨村公共服务供给经费充足，村民无须筹集资金，村干部与村民之间的关系也比较融洽。

2. 村庄议事机制与村级公共服务供给

农村公共服务供给的成效与所供给的服务是否符合村民的需求密切

相关。合寨村公共服务供给的主体是村"两委"。借助合寨村在村民自治上的优良传统和丰富经验，合寨村公共服务供给创新形成了"四提四议、两公开一监督"等议事机制。"四提"是指党员提案、群众提案、村民代表提案、村民理事会提案；"四议"是指村党支部会提议、村"两委"商议、党员大会审议和村民代表会议决议；"两公开"是指村民代表会决议公开、决议实施结果公开；"一监督"是指由村民监督委员会对决策和实施情况进行监督。其议事过程为：由党员、群众、村民代表或村民理事会提案或提议，在党支部会上进行商议，并形成书面材料存档。召开村"两委"干部会议商议提案或提议，村"两委"表决方案，形成商议意见，并交由党员大会审议，审议后由村"两委"修改、完善方案，党员深入群众宣传和解释。之后，提交村民代表会议决议，决议通过后公开决议的内容，并尽快组织实施，实施结束后公开实施结果。村民监督委员会对议事决策实施全程监督。合寨村"四提四议、两公开一监督"议事机制，较好地将村民公共服务需求和要求反馈给村级组织，并保障提案或提议得到有效实施，进而促进村级公共服务供给与村民公共服务需求相契合。

3. 村级公共服务中心与村庄治理

在政府投入与集体经济收入双重支持下，合寨村公共服务供给有了比较充足的经费，实现了村干部在村级公共服务中心值班的常态化。值班人员、值班时间、办公地点以及联系方式都预先公开，让人民群众知晓。而村干部值班会获得相应的补贴，从而提升了他们为村民提供公共服务的积极性和主动性。另外，合寨村公共服务中心设有乡镇政府相关部门工作人员办公场所，他们会到村级公共服务中心值班，并定期下乡走访，了解群众的需求与困难，实现基层政治理向村庄有效延伸，同时降低村民获取公共服务的成本。

（三）村级公共服务供给效果

1. 提升了村庄治理和公共服务供给质量

合寨村公共服务中心的建成和投入使用，实现了村庄治理的管理集中、服务集中和功能集中，有效提升了村庄整体治理水平。村级公共服务中心的使用，实现村"两委"及其他村级自治组织办公场所的集中化，有利于促进村庄各项公共事务处理的协调与对接。村级公共服务中心建设包含多项公共服务设施，诸如图书馆、篮球场等文化娱乐设施。村民们有了自己的活动中心，不再像过去那样除了农业生产就没有其他的休闲娱乐方式，公共服务质量有所提升。

2. 实现基层政府治理向村庄延伸

合寨村公共服务中心综合楼设有乡镇相关部门的驻点办公室，成为基层政府治理向村庄延伸的重要平台。合寨村公共服务中心建成后，法律援助、计划生育、民政等服务机构定期安排人员到合寨村办公。这不仅给村民带来了诸多便利，也有助于基层政府职能部门了解相关业务在村庄开展的情况，及时处理涉及职能部门的相关事务，监督相关项目实施情况，增强了政府与村民的感情。

3. 发挥了积极减贫功能

依托村级公共服务中心，各级政府职能部门将各类有利于促进村民自我发展和脱贫的技能培训活动更多地安排在村里而不是政府所在地。这极大方便了村民参与各类培训活动，他们的参与积极性显著提高，有利于促进贫困人口自我发展能力的提升。另外，村庄基层组织通过村级公共服务中心的平台和设施设备，为村庄贫困人口争取政府等社区外部的扶贫项目和资金（如危房改造项目、产业发展项目等）更为便利，有助于村庄贫困问题的解决。

四、乡村公共服务供给的经验与启示

（一）乡村公共服务供给的经验

满足农民日益增长的多层次、多元化公共服务需求是新时代农村公共服务供给的重要使命。村级公共服务中心建设为实现农村公共服务多样化供给提供了有效平台。合寨村公共服务供给实践表明，以村级公共服务中心为平台既能提升公共服务供给质量，也能提升村庄治理水平，还能促进基层政府治理向村庄的下移。合寨村公共服务供给的关键在于政府与村庄在公共服务供给资源筹集上形成合力和在公共服务供给上进行合作，通过政府财政支持和村集体经济收入，保障了公共服务供给经费来源，通过依托村级公共服务中心实现了基层行政事务、技能培训等基层政府治理的下移。另外，通过建立"四提四议、两公开一监督"的公共服务供给决策机制，较好地实现了公共服务供给与村民需求的衔接。

1. 政府与村庄合力筹集公共服务供给资源

合寨村公共服务中心建设经费由政府与村民集资共同承担，而村级公共服务供给的运转经费则是由政府与村集体经济收入共同支持。政府与村庄的共同投资（政府投资占四分之三，村庄投资占四分之一）确保了村级公共服务中心建设项目顺利完成，为满足村民公共服务需求奠定了基础。

2. 以村级公共服务中心为依托促进村庄治理的职能化

改革开放以来，我国农村建立了以村"两委"为核心的农村社区治理组织。在村级社会治理中，村干部并非国家公务员，他们只领取较低的补贴，村务工作是村干部在日常农业生产劳动之外的兼职工作。在农村劳动力大量外流的背景下，有的村干部甚至身兼数职，且没有固定工作时间，有村民来办理事务就办公，没有村民前来办事就干自家的农活。而依托政府拨款和村集体经济，村干部能够领取较为丰厚的工作补贴，投入社区治理的意愿和积极性大幅提高，逐步实现了干部在村级公共服务中心值班的常态化。如村"两委"将值班人员、值班时间、办公地点及联系方式都预先对村民进行公开、公示。

3. 以村级公共服务中心为平台实施基层政府治理向下延伸

长期以来，基层政府对乡村的治理工作主要在政府所在地展开，或者通过定期或不定期的下乡来实施。合寨村公共服务中心办公大楼设有乡镇相关部门值班室，为乡镇相关部门工作人员到村庄定点办公提供了条件，实现了基层政府服务和治理工作向村庄延伸。

（二）乡村公共服务供给的启示

随着经济社会的发展，我国农村公共服务供给逐步进入了政府、市场、社会组织、村庄组织参与的"多中心供给"时期，同时部分农村公共服务供给向乡镇和县城上移。在农村教育、医疗等公共服务供给上移后，文化服务等农村公共服务仍主要在行政村或自然村层面实施供给。贫困地区基础设施薄弱，经济社会发展落后，比较难依托市场和社会组织实施村级公共服务供给，而贫困地区公共财政能力弱、贫困村空心化，使得贫困村村级公共服务供给难以得到有效保障。在市场、社会缺位的情况下，依靠政府和村庄合力提供村级公共服务就成为实现贫困地区村级公共服务有效供给的现实选择。贫困村有一定的村集体经济收入是实现政府和村庄合力供给村级公共服务的前提，而缺乏村集体经济收入或村集体经济收入不稳定恰恰是多数贫困村庄的重要特征。因而，贫困村具有可观、稳定的村集体经济收入是贫困地区实施政府和村庄合力供给村级公共服务的重要一环。在脱贫攻坚新阶段，增加贫困村集体经济收入已成为扶贫开发的一项重要任务，投入贫困村的资金资源不断增加。这就为贫困村发展集体经济，实现多渠道、稳定、可观的村集体经济收入提供了机会。具体而言，增加贫困村村集体经济收入至少有两个途径：一是通过创新使用到村财政扶贫资金，以资产收益方式增加贫困村村集体经济收入，如结合村庄农业资源状况，使用到村扶贫资金购买农机具，将农机具租赁给专业大户并获得租金收益；二是村"两委"通过提供有偿服务增加村集体经济收入，如为种养大户、企业等在村内开展土地流转提供服务（为土地需求方提供土地流转信息，动员农户参与土地流转，协调流转土地的农户与土地需求方的关系，保障农户在土地流转中的利益等）并收取一定的服务费。

第五章

治理有效：脱贫攻坚与乡村振兴的基层治理衔接

　　乡村治理中基层党组织的领导是关键。习近平总书记指出："农村稳定是广大农民切身利益。""'党管农村工作'这个传统不能丢。党管农村，既需要各级领导干部在岗有责，也需要基层党组织形成战斗堡垒，共同发挥好团结带领作用，把党的富农政策原原本本落实好。"①脱贫攻坚战要发挥基层党组织在脱贫攻坚基层贫困治理的战斗堡垒作用。乡村振兴战略强调建立以基层党组织为领导、社会与村民共同参与的现代乡村治理新体系。脱贫攻坚和乡村振兴战略均把基层治理摆在了实现有效治理的突出位置。

第一节　治理有效衔接的背景

　　乡村治理是多元主体共同建设和发展乡村的过程，是推动当代乡村发展的重要方式。计划经济时期，我国乡村治理采取的是以"政社合一"的集体化治理体制。由国家委托人民公社对乡村实施代理治理，由人民公社实施计划色彩的统购统销资源分配方式，并将农民限制在农村和农业领域。改革开放后，人民公社治理体制瓦解，取而代之的是村民自治。村民自治的治理核心是通过建立家庭联产承包责任制，将乡村资源（土地资源）配置权按照人口规模平均分配给了农户。以家庭联产承包责任制为核

---

　　①《习近平对深化农村改革有何最新部署》，2016 年 4 月 29 日，见 http://www.xinhuanet.com/politics/2016-04/29/c_128945969.htm。

心的农村经济改革极大激发了广大农民进行农业生产的积极性，农业生产效率得到显著提升，农村贫困问题得到极大缓解，体现了乡村治理新举措的突出成效。根据当时的扶贫标准，改革开放初期我国农村贫困人口规模由 2.5 亿人下降到 1.25 亿人。然而，随着城乡二元结构壁垒的逐步瓦解，农村人口和劳动力持续、大规模向城镇和非农产业领域流动，农村空心化、农业边缘化、农民老龄化问题日益凸显，农村"三留守"问题随之而来，乡村治理遭遇困境，到 20 世纪 90 年代末期"三农"问题日益凸显。如果说计划经济时期乡村的凋敝是由于行政化治理将乡村资源转移到城镇，那么在村民自治时期的乡村治理困境则主要是由于市场机制作用将乡村资源抽离并将其输送到城镇。

进入 21 世纪，国家推动实施新农村建设，开始重构乡村治理。"多予、少取、放活"是政府推动乡村治理新格局的总方针。在新农村建设中，通过行政方式将资源输送到乡村，促进了乡村的发展，但并没能有效遏制城乡差距扩大的趋势。因为乡村治理的关键要素农村精英仍持续流向城市和非农领域。于是，政府动员市场力量参与乡村治理。以市场为导向、以盈利为目的的资本"下乡"推动了乡村农业资源的优化整合，提升了农业生产技术，但农民在农业产业发展中参与不足且获益不多。企业与农民未能建立利益共享、风险共担的利益联结机制，双方的合作并不稳固。进入 21 世纪第二个十年，政府治理的技术化、数字化、项目制管理特征日益明显。新的治理方式向乡村扩散（如精准扶贫信息化管理、项目制资源配置等）后，干部老龄化的乡村基层组织已无法适应治理的技术化、数字化和项目制要求。因此，培育青年党员干部，促进村干部年轻化和内生能力形成，以及在贫困地区形成制度化、普遍化、长期化的干部驻村帮扶，构建新的治理体系，成为国家促进乡村治理有效的重点任务。党的十九大提出乡村振兴战略，将乡村治理有效作为乡村振兴的基础，强调要建立健全党委领导、政府负责、社会协同、公众参与、法治保障的现代乡村社会治理体制。党的十九届四中全会公报则从治理体系和治理能力现代化的角度提出了乡村治理有效的更高要求。

第二节　治理有效衔接的政策重点

在治理有效领域，脱贫攻坚政策主要集中如何发挥基层组织在脱贫攻坚中的战斗堡垒作用，涉及的内容包括基层组织建设、党员干部带头人培育、驻村帮扶等内容。乡村振兴战略主要聚焦治理有效是乡村振兴的基础，注重构建党委领导、政府负责、社会协同、公众参与、法治保障的现代乡村社会治理新体系，涉及的内容包括农村基层党组织建设、农村基层党组织带头人队伍和党员队伍建设、促进自治法治德治相结合等。脱贫攻坚与乡村振兴战略在乡村治理建设内容上具有较高的重合性。下面将结合国家政策文件，分析脱贫攻坚与乡村振兴在治理有效衔接领域的主要内容。

一、强化以党组织为核心的乡村治理体系

脱贫攻坚政策强调强化贫困村党组织建设，抓好以村党组织为领导核心的村级组织配套建设，全面强化贫困地区农村基层党组织领导核心地位。大力整顿贫困村软弱涣散的党组织，以县为单位组织摸排，逐村分析研判，坚决撤换不胜任、不合格、不尽职的村党组织书记，切实提升贫困村党组织的组织力、创造力、凝聚力、战斗力。全面落实贫困村"两委"联席会议、"四议两公开"和村务监督等工作制度。完善村级组织运转经费保障机制，将村干部报酬、村办公经费和其他必要支出作为保障重点。

严格扶贫考核问责，强化贫困地区农村基层党建工作责任落实，将抓党建促脱贫攻坚情况作为县乡党委书记抓基层党建工作述职评议考核的重点内容。对不够重视贫困村党组织建设、措施不力的地方，上级党组织要及时约谈提醒相关责任人，后果严重的要问责追责。

乡村振兴战略要求以农村基层党组织建设为主线，坚持农村基层党组织核心领导地位。推进党支部书记担任村委会主任和集体经济组织、农民合作组织负责人，推行村"两委"班子成员交叉任职。推动农村基层党组织和党员在乡村振兴中提高威信、提升影响。通过对农村新型组织和社会组织的党建工作，引导这些组织坚持为农民服务的方向。压实县乡纪委监督责任，将抓党建促乡村振兴情况作为市县乡党委书记抓基层党建述职评议考核的重要内容，纳入巡视、巡查工作内容，作为领导班子综合评价和选拔任用领导干部的重要依据。持续整顿软弱涣散村党组织。加强对中央政策落实情况特别是涉农资金拨付、物资调配等工作的监督，开展扶贫领域和作风问题专项整治。全面执行以财政投入为主的稳定的村级组织运转经费保障政策。

二、加强农村基层党组织人才队伍建设

脱贫攻坚在农村基层党组织队伍建设上，首先，建立健全回引本土大学生、高校培养培训、县乡统筹招聘机制，为每个贫困村储备 1—2 名后备干部。加大在贫困村青年农民、外出务工青年中发展党员力度。支持党员创办领办脱贫致富项目，完善贫困村党员结对帮扶机制。重点从外出务工经商创业人员、大学生村官、本村致富能手中选配村党组织书记。其次，注重选派思想好、作风正、能力强的优秀年轻干部到贫困地区驻村，选聘高校毕业生到贫困村工作。根据贫困村的实际需求，精准选配"第一书记"，精准选派驻村工作队，从县以上党政机关选派优秀干部参加驻村

帮扶。确保每个贫困村都有驻村工作队，每个贫困户都有帮扶责任人。加大驻村干部考核力度，不稳定脱贫不撤队伍。对在基层一线干出成绩、群众欢迎的驻村干部，要重点培养使用，对不适应的及时召回调整。派出单位要严格落实项目、资金、责任捆绑要求，加大保障支持力度。

乡村振兴战略强调对村党组织书记集中调整优化，实行县级备案管理。健全从优秀村党组织书记中选拔乡镇领导干部、考录乡镇公务员、招聘乡镇事业编制人员机制。加强农村党员队伍建设，强化农村党员教育、管理、监督，推进"两学一做"学习教育常态化制度化，促进广大党员自觉用习近平新时代中国特色社会主义思想武装头脑。严格党的组织生活，全面落实"三会一课"、主题党日、谈心谈话、民主评议、党员联系农户等制度。加大在青年农民、外出务工人员、妇女中发展党员的力度。

第三节　天然村：农村基层党组织促治理有效的案例与启示

一、农村基层党组织与治理有效

农村基层党组织包括设在乡镇和村一级的党组织，主要是指村一级的党组织，即村党支部。改革开放后，随着人民公社体制的瓦解，在村一级的基层形成了两个重要组织，即村党支部和村民自治委员会。农村基层党组织是落实党的方针政策的"末梢"。村级党组织在乡村治理中的职责日益明确，特别是 1999 年颁布实施的《中国共产党农村基层组织工作条件》进一步明确了村级党组织在乡村治理中的职责或功能。农村基层党组织的职责包括：贯彻执行党的路线方针政策和上级党组织及本村党员大会的决议；讨论决定本村经济建设和社会建设发展中的重要问题；领导和推进村级民主选举、民主决策、民主监督，支持和保障村民依法开展自治活动；搞好支部委员会的自身建设，对党员进行教育、管理和监督；负责村组干部和村办企业管理人员的教育管理和监督；搞好本村的社会主义精神文明建设和社会治安、计划生育工作。

以家庭联产承包责任制为核心的农村经济改革，将村集体所有的土地以承包权的方式分配给农户。这一方面激发了农民发展农业的积极性，提高了农业效益，在短期内就解决了大部分农民的温饱问题。另一方面，农村经济改革几乎将村集体所有的资源分配给农户承包，村集体因缺乏资源而在农村发展中日益被边缘化。从城乡流动的角度看，20世纪80年代初期，基于城市发展的需求，城乡隔离的壁垒逐渐被打破。城乡收入差距不断拉大，越来越多的农村青壮年劳动力涌入城镇务工经商，在大大增加农民收入的同时，也使乡村社会出现阶层分化和贫富分化。留守在乡村的主要是文化素质较低、劳动能力弱的老人、妇女和小孩，乡村空心化凸显。村级党组织建设面临群众基础"瓶颈"，开始出现"弱化"与"虚化"。[1]特别是在青壮年劳力外出务工普遍化的贫困村，村级党组织软弱涣散问题日益突出。一些村庄的村级党组织在贫困治理中无法形成有效治理，其领导核心作用和其他相应功能难以有效发挥。[2]

党的十八大以来，对农村基层党组织提出了新的要求，将村级党组织定位为脱贫攻坚战在基层的战斗堡垒，提出要提高贫困村党组织的创造力、凝聚力、战斗力。党的十九大提出实施乡村振兴战略，《中共中央 国

---

① 易新涛：《改革开放以来中国共产党解决农村基层党组织"三化"问题研究》，《中南民族大学学报》（人文社会科学版）2019年第1期。

② 郭易楠：《新时代农村基层党建创新研究——基于浙西北L村的实践探索》，《领导科学》2019年第20期。

务院关于实施乡村振兴战略的意见》明确指出，推进抓党建促乡村振兴，突出农村基层党组织的政治功能，提升组织力，把农村基层党组织建成坚强战斗堡垒，强化农村基层党组织领导核心地位。2017 年 10 月 19 日，习近平总书记在参加贵州省代表团讨论时强调："办好中国的事情，关键在党""党的根基在基层，一定要抓好基层党建，在农村始终坚持党的领导。"① 农村基层党组织是推进乡村振兴的基层核心力量和重要抓手。2018 年 11 月，习近平总书记主持召开中共中央政治局会议，审议修订了《中国共产党农村基层组织工作条例》，会议强调村党组织要全面领导隶属本村的各类组织和各项工作，凡是农村的重要事项和重大问题都要经党组织研究讨论，要加强农村党支部建设，加强农村基层党员、干部教育培训，使每一个农村党支部都成为坚强战斗堡垒，推动农村基层党组织在重大任务中发挥作用，发挥农村基层党组织的组织优势、组织功能、组织力量，贫困村党组织要动员和带领群众打赢脱贫攻坚战。② 新修订的《中国共产党农村基层组织工作条例》强调，村党组织书记应当通过法定程序担任村民委员会主任和村级集体经济组织、合作经济组织负责人，村"两委"班子成员应当交叉任职；村级重大事项决策实行"四议两公开"，即村党组织提议、村"两委"会议商议、党员大会审议、村民会议或者村民代表会议决议，决议公开、实施结果公开。可见，与修订前的条例相比，在脱贫攻坚与乡村振兴衔接阶段，村级党组织的职责或功能已扩展至包括脱贫攻坚、乡村振兴等乡村治理的所有领域。发挥好村级党组织的全面领导核心作用，是实现乡村治理有效的关键。

---

① 习近平：《万众一心开拓进取把新时代中国特色社会主义推向前进》，《人民日报》2017 年 10 月 20 日。

② 《中共中央政治局召开会议审议〈中国共产党农村基层组织工作条例〉和〈中国共产党纪律检查机关监督执纪工作规则〉》，《人民日报》2018 年 11 月 27 日。

二、村庄概况及主要扶贫举措

（一）村庄基本情况

天然村位于广西壮族自治区西北部，是集"老、少、边、山、穷"于一体的深度贫困村。村庄隶属河池市东兰县大同乡，距离大同乡政府驻地5千米，距离东兰县城54千米，距离南宁市362千米。全村辖17个村民组，共243户860人，境内居住有汉、瑶、壮等民族，少数民族708人。全村面积12.8平方千米，耕地面积644亩，林地面积26605亩，果林面积170亩，耕地全部为旱地，没有水田，人均耕地面积0.75亩。农业作物以玉米、红薯为主，养殖业以养鸡、养羊为主。因耕地资源匮乏、贫瘠，外出务工是该村村民收入的主要来源。全村设有1个党支部，党员38人。全村有劳动力471人，其中外出务工400人，低保户40户166人。2015年年底精准识别贫困人口131户505人。

（二）村庄的多维贫困状况与治理约束

天然村地处滇桂黔石漠化集中连片特困地区，属于深度贫困县东兰县的深度贫困村，贫困发生率高，贫困程度深。境内山峰林立、山谷众多、山大沟深，土地资源匮乏且贫瘠，生态环境脆弱，贫困人口文化水平低、自我发展能力弱，陷入了多维贫困之中，资源开发和扶贫工作难度极大。天然村多维贫困状况与治理约束主要体现在以下几个方面。

一是自然条件恶劣，发展资源匮乏。天然村属于典型的喀斯特地貌，地下溶洞众多，以溶蚀性拱形洞穴为主。全村总面积12.8平方千米，可利用耕地面积仅为644亩，人均耕地面积0.75亩。即使是可以利用的耕地也是"九分石头一分土"的石土混合地，土地被石块分割，呈碎片化，耕地土壤贫瘠。在这样的恶劣自然条件下，村民很难种植具有较高经济价值的农作物，如东兰县大力推进的桑蚕、蔗糖、三华李、红心蜜柚等经济价值较高的扶贫产业都难以在天然村大规模种植和推广。在养殖业方面，受生态条件制约，天然村发展黑山羊养殖规模受到限制。根据访谈了解到，天然村发展黑山羊养殖最大规模约 3000 只，超过这一规模将会对村庄的自然生态产生负面影响。基于满足基本生存需求，村民将有限的耕地用来种植玉米、红薯等粮食作物。

二是村民居住分散，基础设施建设难度大、成本高。天然村幅员辽阔，人口居住十分分散。全村有 17 个村民小组 243 户 860 人分布在 12.8 平方千米的村域范围。当地山大沟深，绝大部分村民居住在半山腰上，多数的屯与屯之间被大山隔开。在实施交通基础设施建设时，通屯道路基本是绕山而建，建设难度较大，建设成本和维护费用都比较高，村民出行条件没有得到有效改善。

三是干旱缺水，农业发展受到严重制约。天然村境内地下洞穴众多，地下水系支流发达。地表水渗透到地下，经地下水支流全部流走，加上该村气候属于亚热带大陆性干旱气候，缺水严重，人畜饮水和农业灌溉只能靠收集雨水。脱贫攻坚以来，政府投资建设了部分家庭水柜、集中供水池等饮水设施，但生活饮水困难、生产缺水问题并没有得到根本性解决。2017 年，天然村仍有 55 户农户饮水困难，68 户农户未实现安全饮水。干旱和生产缺水极大限制了天然村的农业发展。全村耕地全部为旱地，没有水田，无有效灌溉面积。农业生产作物主要是玉米、红薯等粮食作物，以及近几年政府推广发展的核桃和山野葡萄。

四是贫困人口人力资本水平低，自我发展能力弱。天然村地处大石山深处，因交通闭塞、农户居住分散，村民出行困难，所以接受外部信息较少，与外部经济联系弱，村民思想保守，传统观念浓厚，内生发展动力不足。另外，由于教育事业发展滞后，村民接受教育的机会少，文化程度普遍偏低，人力资本水平低下。该村贫困人口中小学及以下文化程度占63.41%，文盲或半文盲占30.73%。

（三）脱贫攻坚主要举措

党的十八大以来，天然村在各级政府部门的帮扶下，积极开展基础设施建设、产业扶贫、危房改造、易地扶贫搬迁等多种扶贫方式，取得良好效果。在基础设施建设方面，通村硬化路2015年投入使用，2016年以来投资160余万元，新建或升级屯级路41.37千米，村民出行条件得到较大改善。建成集中供水工程8处1200立方米，架设饮水管道32千米，村民生活用水困难得到一定缓解。对全村5个屯实施农村电网升级改造，农民用电得到进一步保障。但还有8个屯未实施农网改造项目，仍存在电力设施落后、供电不稳定等问题，有1个屯至今未通电。通过危房改造解决了96户贫困户住房问题，易地搬迁30户，但仍有49户还需要通过危房改造或易地搬迁解决住房问题。在公共服务方面，村级公共服务已列入计划，2018年年初开工建设，未完工。在产业发展方面，2015年成立弄朋山野葡萄种植专业合作社，发展山野葡萄100亩。成立乌鸡养殖合作社，建成东兰乌鸡养殖场1个1000平方米，投放鸡苗5000只。采取农户散养的方式发展黑山羊养殖产业，存栏3000只。

三、基层党组织主导突破贫困陷阱

（一）村庄的贫困循环陷阱

就天然村存在的多维贫困而言，外在的发展条件制约是主要原因。在天然村贫困人口致贫原因中，交通条件落后致贫占39.82%，因学致贫占 24.56%，缺技术致贫占 17.37%，因病因残致贫占 7.72%，缺劳力致贫占 5.26%，缺资金致贫占 1.59%，自身发展动力不足致贫占 2.46%，缺土地致贫占 1.23%。村庄自然条件恶劣，交通道路等基础设施薄弱，村民出行不便，长期处于相对封闭状态，与外部的经济联系弱，接触外部发展信息少，思想观念保守，不愿意冒险和探索创新。加上外部资源条件制约，村庄产业发展艰难，农民"等、靠、要"依赖思想比较严重，由此形成了天然村贫困循环陷阱。为了解决天然村贫困循环陷阱，当地政府和天然村"两委"选择从产业入手，推动发展山野葡萄和乌鸡养殖两大产业，希望通过产业发展促进贫困人口增收，激发贫困人口内生动力。

（二）山野葡萄产业探索与发展困境

2015 年 12 月，由时任村主任蒙政华带头在天然村成立弄朋山野葡萄种植专业合作社，探索种植山野葡萄。其间，东兰县扶贫办为村民发展山野葡萄免费提供苗木、水泥葡萄架等，而种植技术指导主要由广西农业科学院承担。2015 年，天然村山野葡萄种植面积 100 亩，2017 年在政府进一步扶持下将种植面积扩大为 300 亩。政府计划以天然村山野葡萄种植区为核心示范区，重点发展生态科学种植、生态循环农业产业，辐射带动农户 133 户 493 人。然而，天然村土地贫瘠，加上农民从来没有种植过山野葡萄，缺乏种植技术经验；广西农业科学院（位于南宁市）因距离天然村遥远，很难提供足够和持续性的技术指导和技术支持。由于以上原因，尽管天然村山野葡萄种植规模仍在扩大，但葡萄长势并不好，存活率低，多数农户需要补种 2—3 次葡萄苗才能确保存活率合格。

山野葡萄一般是种植 2 年后开始挂果，种植 3 年以后进入盛产期。然而，天然村山野葡萄自 2015 年种植以来，在 2017 年仅有少数葡萄果树挂果，并且在挂果期间遭受了病虫害，基本没有收成，销售收入也为零。山野葡萄种植没有达到预期效果，导致农民种植的积极性下降。农民对通过发展山野葡萄产业实现脱贫致富失去信心，除了他们不具备成熟的种植技术，以及对山野葡萄对当地的适应性产生怀疑之外，更为重要的是来自市场销售的担忧。通过实地调查发现，多数农民的山野毛葡萄长势不好，田间地头管护粗放化。农民普遍对山野葡萄市场销售前景缺乏信心，担心卖不出去。其实农民的担心不无道理。因为东兰县之前没有发展过山野葡萄产业，县域内没有任何葡萄酒生产企业，外县收购经销商也少，山野葡萄进入盛产期后，依靠本地市场难以全部销售。

（三）村支书带动发展乌鸡规模化养殖产业

韦正拥是天然村的一名"80后"。高中毕业后韦正拥到广东打工，之后回家乡创业，积累了一定积蓄。之后他被作为入党积极分子重点培养，并开始担任天然村村干部。2016年，在换届选举中韦正拥当选为天然村村支书。由于天然村自然条件恶劣，以及山野葡萄种植陷入困境，韦正拥通过考察发现天然村的资源禀赋比较适合乌鸡养殖产业。天然村地理位置偏远，相对封闭，且没有进行过大规模养殖，具有养殖环境优势，比较适合发展规模化养殖产业。另外，东兰县也有"中国三乌鸡之乡"的美誉，乌鸡产业属于东兰县脱贫攻坚发展的特色产业。经过反复思考后，韦正拥主动向县畜牧局递交申请发展乌鸡规模化养殖项目材料，并牵头对接联系，争取政府项目扶持和建立村企联系。

天然村乌鸡规模化养殖计划是，2018年内建成并投产乌鸡养殖场7个，共7000平方米，养殖乌鸡3.5万羽，出售1万羽。2019年内建成并投产3个乌鸡场，共3000平方米，年内共养殖乌鸡6万羽，出售4万羽。到2020年计划运营、管理好10个乌鸡养殖场，年出售乌鸡10万羽，村集体经济收入达到 5 万元以上，并通过利润分红方式使全村 131 户贫困户从中受益，增收致富。

乌鸡产业采取"公司 + 党支部 + 合作社 + 农户"的运作模式。由县政府出面，计划融资 100 万元，建设 10 个乌鸡场作为村集体资产。整合产业帮扶资金"两个一千"或者吸纳贫困户以扶贫小额信贷 5 万元入股村民合作社作为养殖资本金。村民合作社组建养殖团队或者委托养殖能人负责乌鸡场的日常管理。村民合作社与龙头企业签订养殖协议，由企业统一提供鸡苗、饲料、技术，进行成鸡回收，并支付劳务费 15 元 / 只，其中 8 元支付给贫困户，5 元支付给养殖团队（养殖能人），1 元作为村集体经济收入，1 元支付给融资平台（农投公司），即收入按照"8511"的比例分配。

天然村乌鸡规模化养殖产业得以有效实施，村支书韦正拥的积极努力发挥了重要作用。发展该产业是由他提出来的，他向畜牧局提交材料，同时积极加强与畜牧、交通等相关部门的联系，逐步完善项目规划。在项目建设中，由于资金短缺，产业基础设施建设一度陷入停工状态。对此韦正拥组织力量克服困难，他预先垫付了十几万元的资金，完成了乌鸡产业的道路、鸡舍等基础设施建设。

四、深度贫困村治理有效的经验与启示

无论是脱贫攻坚，还是乡村振兴，好的村级党组织和优秀村干部都是实现治理有效的关键。天然村治理有效的经验与启示主要有以下两点。

（一）强化以农村基层党组织为领导核心的村庄治理体系

深度贫困村基础设施薄弱、农民文化水平低、自我发展能力和自组织能力弱。推进深度贫困村有效治理，需要一个组织和动员能力都强的村级

组织。农村基层党组织是深度贫困村内组织和动员能力最强大的组织。农村基层党组织不仅能有效动员村民参与治理，而且也可凭借其与政府联系的天然优势得到政府的大力支持。农村基层党组织的组织和资源优势使其处于乡村有效治理的领导核心地位。从天然村的实践来看，山野葡萄、乌鸡养殖等产业都是由贫困村党组织来主导实施的。

（二）加强农村基层党组织带头人培育

贫困村的有效组织需要发挥农村党组织的领导核心作用，而农村基层党组织有效领导乡村治理是建立在基层党组织干部能力之上的。而缺乏能力强、责任心强的基层党组织干部，贫困村基层党组织领导作用是很难得到充分发挥的。天然村贫困治理实践表明，着重从返乡农民、大学生等群体中选拔青年党员干部是提升基层党组织治理能力的重要方向。同时，要通过各类教育、培训等方式不断增强基层党员干部的治理能力、责任担当、公益心。

第四节　岜独村：贫困村"第一书记"促治理有效的案例与启示

一、派驻"第一书记"与治理有效

向农村派驻干部是中国共产党长期以来的一种乡村治理方式。从驻村工作的演化来看，党的驻村工作形成了"党—军""党—党、政""党—党、政、事""党—党、政、军、企、事""党—事""党—党""政—政"等模式，其中包含了农村基层组织建设、农村社会综合发展、农村经济和扶贫等多项农村治理任务。① 党的十八大以来，干部驻村帮扶成为国家解决扶贫"最后一公里"难题、推进精准扶贫精准脱贫的重要机制。政府根据各地行政村数量，按照在职干部总数的一定比例选派干部组成驻村工作队。一般一个行政村进驻 2—4 名工作队员，并在一定时期（一般为 2 年）进行轮换。驻村干部选派对象一般是具有较高政治素质、能力较强，特别是有培养前途的中青年干部。驻村帮扶期间，驻村干部在原单位的干部身份、编制性质、政治待遇等保持不变，工作福利由原单位发放。在贫困村治理中，驻村干部承担了资金引进、技术支持、参与主导贫困村的发展规划和产业布局等多重角色。②

贫困村"第一书记"属于驻村帮扶的重要机制。从政府的实践角度看，选派机关优秀干部到村任"第一书记"，是加强农村基层组织建设，解决一些村"软、弱、乱、穷"等突出问题的重要举措，是促进农村改革发展稳定和改进机关工作作风、培养锻炼干部的有效途径。2015 年 4 月，中共中央组织部、中央农村工作领导小组办公室、国务院扶贫开发领导小组办公室联合下发《关于做好选派机关优秀干部到村任第一书记工作的通知》文件，提出向党组织软弱涣散村、建档立卡贫困村以及革命老区、边疆和民族地区、灾后重建地区的一些村选派驻村"第一书记"，巩固和拓展党的群众路线教育实践活动中加强基层组织建设、打通联系服务群众"最后一公里"等成果，进一步把农村基层党组织建设成为推动科学发展、带领农民致富、密切联系群众、维护农村稳定的坚强战斗堡垒。

"第一书记"在乡镇党委领导和指导下，带领村"两委"成员开展工

---

① 刘金海：《工作队：当代中国农村工作的特殊组织及形式》，《中共党史研究》2012 年第 12 期。

② 王晓毅：《精准扶贫与驻村帮扶》，《国家行政学院学报》2016 年第 3 期。

作，主要任务包括：一是建强基层组织，健全村"两委"班子，着力解决班子不团结、软弱无力、工作不在状态等问题，防范应对宗教、黑恶势力的干扰渗透，物色培养村后备干部，推动落实村级组织工作经费和服务群众专项经费、村干部报酬和基本养老保险，建设和完善村级组织活动场所、服务设施等。

二是推动精准扶贫。大力宣传党的扶贫和强农惠农政策，深入推动政策落实。带领派驻村开展贫困户识别和建档立卡工作，帮助村"两委"制定和实施脱贫计划；组织落实扶贫项目，参与整合涉农资金，积极引导社会资金，促进贫困村、贫困户脱贫致富；帮助选准发展路子，培育农民合作社，增加村集体经济收入，增强"造血"功能。

三是为民办事。推动党的群众路线教育实践活动整改事项落实，带领村级组织开展为民服务全程代理、民事村办等工作，打通联系服务群众"最后一公里"；经常入户走访，听取意见建议，与群众同吃同住同劳动，努力办实事；关心关爱贫困户、五保户、残疾人、农村空巢老人和留守儿童，帮助他们解决实际困难。

四是提升治理水平。推动完善村党组织领导的充满活力的村民自治机制，落实"四议两公开"，建立村务监督委员会，促进村级事务公开、公平、公正，努力解决优亲厚友、"暗箱"操作、损害群众利益等问题；帮助村干部提高依法办事能力，指导完善村规民约，弘扬文明新风，促进农村和谐稳定。

二、村庄概况与脱贫攻坚情况

（一）村庄基本情况

岜独村是"十三五"期间广西壮族自治区省级贫困村，位于南宁市上林县西燕镇北部，距离乡政府 8 千米，距离县城 22 千米，属于大石山贫困地区、资源匮乏地区，地势崎岖。全村有 15 个村民小组，总人口 535 户 2203 人，其中壮族占比 90%，瑶族占比 10%。全村劳动力 1347 人，外出务工劳动力 778 人。全村总面积 8 平方千米，耕地面积 2318 亩，人均耕地面积 1.05 亩，林地面积 10080 亩，人均林地面积 4.5 亩。脱贫攻坚前村庄产业发展主要靠种植玉米、食用菌、甘蔗和养殖桑蚕等传统产业。2015 年精准识别建档立卡贫困人口 207 户 846 人，贫困发生率为 39.2%。2016 年已脱贫 48 户 212 人，2017 年实现全村脱贫摘帽，贫困发生率控制在 1.31% 以下。

（二）贫困村发展的主要困难

1. 资源极度匮乏，无特色产业

岜独村属于大石山区、边远山区，是国家"十二五"期间整村推进扶贫村之一。山多地少，资源极度匮乏，全村 2318 亩耕地均为旱地，无一亩水田，只能种植玉米、花生等传统作物，无特色扶贫产业。同时，因被两个大型水库一前一后"围困"，岜独村长期交通闭塞。恶劣的自然条件、劳动力的转移、技术的缺乏，让岜独村的社会事业发展程度低，发展之路走得十分艰难。

2. 党组织组织力不强，难以发挥桥头堡作用

2014 年，岜独村设 1 个党支部，4 个党小组，党员共 37 名，其中"80 后"仅 1 人，"70"后 7 人。无集体经济，党员年龄偏大，加上因外出务工流动性较大，村党组织难以发挥桥头堡作用。

（三）脱贫攻坚投入情况

2016—2018 年，岜独村累计获得各类扶贫资金共计 2395.23 万元，

其中财政资金 1716.23 万元，占比 71.65%；信贷资金 521 万元，占比 21.75%；社会捐赠资金 158 万元，占比 6.6%。在具体资金投向上看，投入农业产业发展共计 615 万元，其中投入农业 515 万元，占比 83.74%；投入畜牧业 100 万元，占比 16.26%。此外，还投入光伏产业资金 50 万元。从资金投向结构来看，农业产业投入以发展种植业为主。在农产品加工投入上，岜独村没有资金投入，村庄产业缺乏加工企业，产品价格受市场波动影响较大。基础设施建设共计投入 195.43 万元，其中农村饮水安全工程 5 万元，占比 2.56%；村通公路（通屯路、巷道硬化）190.43 万元，占比 97.44%；村内的村组道路获得的资金投入最多，占比超过基础设施投入的 90%。这表明岜独村地处大石山区，道路基础设施建设成本比较高。公共服务设施投入共计 622.8 万元，村公共文化服务设施投入 83 万元，占比 13.33%；村屯排水沟设施项目投入 30 万元，占比 4.82%，村委环境美化投入 50 万元，占比 8.03%；在教育方面，岜独村小学建设投入 93 万元，占比 25.35%；村屯立面改造及亮化投入资金 366.8 万元（其中广西壮族自治区住建厅投入资金 230 万元），占比 58.9%。从投入结构特点来看，村屯立面改造及亮化投入占比最大，且资金大部分来自后盾单位广西壮族自治区住建厅。可见，岜独村在后盾单位的支持下，村屯人居环境改善取得显著成效。

在人力资本投资上，2016—2018 年累计接受劳动技能培训的贫困人口有 200 人次，为贫困户提供公益岗位 25 个。在金融扶贫上，2016—2018 年累计为 109 户提供扶贫小额信贷，3 年累计发放信贷资金 521 万元。与产业发展和基础设施投入相比，岜独村获得的人力资本投入偏低，这与我们在实地调查中发现村民很少参加相关培训的情况相符。这也说明，村内的产业多为村集体经济产业，村民的参与程度低，很难将技术内化为自己的生计手段。

（四）主要扶贫举措

岜独村脱贫攻坚探索建立科学合理的带贫机制和利益联结机制，以将贫困村、贫困户融入特色产业发展链条为主线，增强贫困户"造血"功能，促进贫困村集体经济发展壮大，实现稳定脱贫、持续增收、长期受益。岜独村在基础设施建设、产业扶贫等领域形成脱贫攻坚主要措施，通过完善村内基础设施建设、发展特色产业等方式促进贫困人口脱贫。

1. 完善村内基础设施

岜独村属于滇桂黔石漠化片区村，尽管距离县城比较近，但因被两个大型水库一前一后"围困"，交通道路建设难度比较大，建设成本比较高。交通道路基础设施建设滞后，成为制约村庄发展和村民致富的重要因素。脱贫攻坚以来，岜独村积极争取资源，投入村屯规划 55 万元，公共服务 173 万元，教育环境改善 93 万元，通屯路扩建及硬化 190.43 万元，人饮工程 5 万元，完成 3 个自然村屯立面改造，新建扩建了 10 条村屯道路并全部硬化，新增人饮工程，让全村饮水安全农户比例达到 100%，安装太阳能路灯 153 盏。岜独村共有篮球场 3 个，文化室 3 个，农家书屋 1 个，戏台 4 个，13 个屯全部接通网络宽带。通过危房改造 117 户、易地扶贫搬迁 28 户，全村农户住房条件全部达标。

2. 发展特色产业，壮大村集体经济

岜独村人均耕地资源较少，且均为旱地，人均耕地仅 0.6 亩，农业产出能力受限，发展传统农业难以促进农民增收，如果不发展新型种植业和养殖业，依靠产业发展带动贫困人口稳步增收将难以实现。岜独村党支部制定了"一山一水一路一园"发展规划，先后引进 3 家龙头企业在全村发展 1500 亩四季蜜芒、10 万羽生态蛋鸡和光伏发电产业，与山水牛、种桑养蚕形成了 5 大支柱产业，实现全村 210 户贫困户产业全覆盖（不含退出

户）。创新实行农民土地股份合作和资本收益模式，实现小块并大块 1000
多亩，实现村集体经济创收 41.2 万元。

3. 大力实施乡村振兴战略，开展乡村旅游建设

2018 年，岜独村邀请城乡规划院编制了"一山一水一路一园"旅游
专项规划，建设完成岜独村秀峰公园、康养农庄、岜独峰旅游步道及凉
亭，以旅游业带动村内产业链条化。其中村屯立面改造及亮化投入 366.8
万元，使村容村貌焕然一新，人居环境得到改善，农民致富主动性明显
提高。

4. 创新"一所一社两自"，激发脱贫内生动力

没有支柱产业的发展，村民的收入就无法提高。部分村民思想落后、
观念保守，"等、靠、要"思想仍很严重，遇事缺乏主动性和积极性，不
想办法解决，依赖外部力量，缺乏创业精神，图安稳，不敢闯，不敢大
力发展。针对这一情况，岜独村依托新时代讲习所，由县委书记、镇党
委书记、"第一书记"、创业导师、致富带头人等对村民开展培训，增强
村民发展产业改变贫穷落后的信心和决心。率先在南宁市成立了第一个
村民合作社，实现"三资"统一有效管理，村民合作社净资产总额 480
万元。创新设立"自立扶贫发展协会"和"自立发展账户"，进一步发
挥贫困户主观能动性，提高贫困户组织化程度，让"要我脱贫"转变为
"我要脱贫"。

（五）脱贫攻坚的成效

1. 贫困人口大幅减少，收入水平显著提升

经过 3 年多的脱贫攻坚战，岜独村贫困人口人均收入水平显著提高，
贫困人口规模持续减少。2015 年年底，岜独村建档立卡贫困人口的人均
纯收入为 3210 元，2018 年增加到 4757 元，增加了 48.19%，年均增长
16.06%。2018 年年底，全村剩余贫困人口 4 户 13 人。

图 5-1　岜独村 2015 年和 2018 年贫困人口人均纯收入情况

　　从贫困农户收入结构变化看，2015 年年底岜独村贫困农户生产经营性收入 321 元，占比 10%；工资性收入 1926 元，占比 60%；转移性收入 642 元，占比 20%；财产性收入 321 元，占比 10%。2018 年，贫困农户生产经营性收入提到 15%，工资性占比提升至 65%，转移性收入下降至 11%，财产性收入下降至 9%。2015 年和 2018 年工资性收入均是贫困农户最主要的收入来源，且占比均达六成。但从纵向比较来看，经过脱贫攻坚，生产经营性收入占比提高 5 个百分点，工资性收入占比提高 5 个百分点，而转移性收入占比下降 9 个百分点，财产性收入占比下降 1 个百分点。贫困农户的生产发展能力显著提升，脱贫外部依赖性进一步下降。

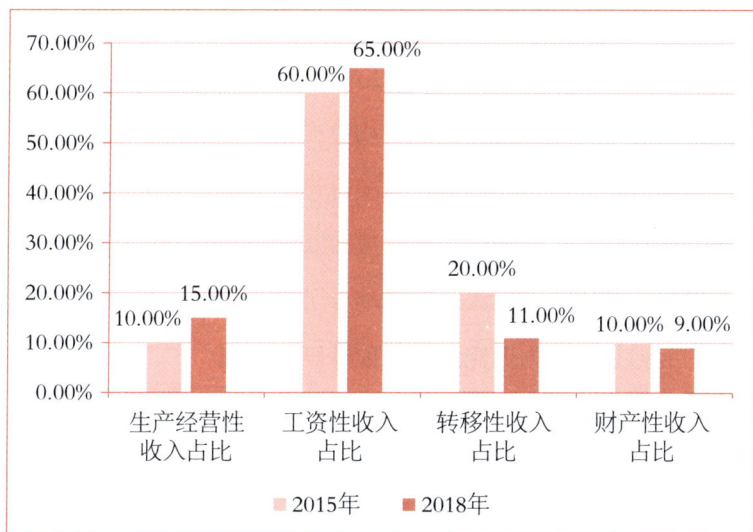

图 5-2　岜独村 2015 年和 2018 年贫困人口收入结构情况

2. 基础设施不断完善

脱贫攻坚以来，岜独村交通基础设施不断完善，2018 年 13 个村民组通组路全部实现路面硬化。农村信息化水平得到提升，2018 年所有村民组全部实现通宽带。农村信息化建设便利了村民与外部的联系，促进了村庄与外部的产品交换。农户住房条件和饮水设施得到有效改善。2015—2018 年，共实施危房改造 15 户，易地扶贫搬迁 28 户，有效解决住房安全无保障问题。公共服务水平不断提升，人居环境不断改善。实现了营养改善计划、"两免一补"等教育扶贫政策对贫困学生的全覆盖。持续实施改厨、改厕、改圈，村民家庭卫生条件得到持续改善。通过村级公共文化服务设施建设，建设了 4 个文艺、体育活动场所等文化娱乐设施，丰富了农民的文化生活。贫困人口全部购买城乡合作医疗保险和大病医疗保险，基本医疗得到有效保障。

3. 村级治理能力得到提升

村级治理能力是脱贫攻坚顺利推进的重要基础，贫困村基层组织是村级治理的重要载体。加强村级基层组织建设特别是村"两委"班子干部能力建设是提升村级治理能力的重要方式。岜独村采取党员"一帮一""多帮一"的结对帮带方式，支部党员发动全村党员，进而带动全村农户（包括贫困户）发展四季蜜芒。突出党员模范带头作用，坚持把致富带头人中的先进分子培养成党员，把党员培养成致富带头人，把党员致富能人中的优秀分子培养成党组织带头人。着力培养听党话、跟党走的队伍，把提升干部群众的能力素质作为抓党建的一项基础性工程。

4. 村庄内生发展动力增强

内生动力是实现可持续脱贫的重要基础。岜独村激发内生动力以党支部引领带动，支部党员发动全村党员，进而带动全村农户（包括贫困户）发展种植业。依托新时代讲习所，对村民加强培训，增强其发展产业改变贫穷落后面貌的信心和决心。创新设立"自立扶贫发展协会"，将贫困户小额信贷扶贫、产业奖补等分红纳入基金范畴，由协会进行托管。进一步发挥贫困户主观能动性，让"要我脱贫"转变为"我要脱贫"。以小额信贷分红为例，每年 8% 的分红，每个贫困户 3 年积累下来的自立发展基金就有 12000 元，改变了村民不愿冒险，害怕失败，不愿尝试的旧面貌。

三、"第一书记"引导外援内源互动

脱贫攻坚战致力于解决贫困问题，乡村振兴主要解决的是乡村可持续发展问题，脱贫攻坚和乡村振兴都强调向贫困村、软弱涣散村和集体经济薄弱村党组织派出"第一书记"，并建立长效机制。2015 年 10 月—2018 年 2 月，广西壮族自治区住建厅下派柏挺担任岜独村"第一书记"，同时任西燕镇党委副书记。岜独村"第一书记"推进村庄通过治理有效脱贫的主要特点体现在引导外援与内源互动。在内源建设上通过强化基层党组织建设、科学编制村庄规划、促进农民组织化等实现了村庄内源的激发。在外援引入上，岜独村"第一书记"广泛动员其丰富的社会资源支持岜独村脱贫攻坚与乡村振兴，进而形成外援与内源互动的有效治理格局。

（一）村庄内源能力建设

在内源动力建设上，柏挺将强化基层党组织建设摆在突出位置，实施了"一支队伍、二个机制、三个重点"工作推进机制。"一支队伍"即建设一支有凝聚力的村干部队伍，提高队伍的思想素质和业务素质；"二个机制"即带头健全工作责任分工机制和教育宣传机制。将健全后的分工责任划分并将其粘贴在宣传栏上，让村民大事小事都能找到第一责任人，做好分工不分家的组织协调。"三个重点"即设立基层廉洁工作站，开通监督检查渠道，将项目资金的使用情况进行公示，保障村民对扶贫的有效监督；定期召开民主生活会，提高党员的党性修养；完善宣传教育设施，开展党建大型道德讲堂，做好党员的宣传教育工作。

村庄发展规划是村庄发展的路线图。岜独村"第一书记"依托后盾单位和他的专业优势（同济大学地下系岩土工程专业），联系后盾单位、城乡规划设计院和同济校友等制定岜独村村屯发展规划。同时，采取参与式方式，召开村民评议会收集村民对村庄发展的意见和建议，并整理出33条意见，总结为15个项目，每个项目纳入规划前都经过了村民代表举手表决。这就使得岜独村的村屯规划既符合村民的发展需求，同时也具有较好的科学性。

（二）创新外部援助与村庄内源的互动方式

岜独村"第一书记"将产业发展作为打造村庄可持续发展的核心内容，积极利用个人社会网络资源和后盾单位资源，为岜独村发展增添外部资源，同时创新外援与内源的互动机制，建立了"农户抱团""龙头带动""能人引领"等多种产业扶贫模式，成功培育发展了四季蜜芒、蛋鸡、山水牛、种桑养蚕等产业，形成了资金跟着穷人走、穷人跟着能人走、能人跟着产业项目走、产业项目跟着市场走的新格局，实现了产业对全村210户贫困户的全覆盖。

1. "抱团发展"方式

积极引导外部帮扶资金资源，在岜独村发展四季蜜芒规模化种植产业。实行"科研院所＋企业＋党支部＋合作社＋贫困户"模式，项目覆盖11个村民小组，连片面积到1700亩，总投资近800万元。项目坚持"全民参与，人人有份；土地入股，风险共担"原则，采取村党支部统筹指导、合作社统一经营管理、村民自愿参与、科研院所技术支持、企业销售兜底的方式运行。项目已辐射带动村民353户1235人，其中建档立卡贫困户158户，贫困人口691人。进入丰产期后，农户每年每亩纯利润10400—13300元。

2. "龙头带动"模式

引进蛋鸡养殖民营企业广西上林县琦润农业开发有限责任公司，采取"龙头企业＋贫困户"的方式发展蛋鸡养殖。坚持以市场为导向，充分发挥市场在产业发展中的引领作用，引进龙头企业，利用企业的市场和技术优势发展产业，带领贫困户增收。项目占地30亩，总投资1200万元，养殖规模10万羽。贫困户以产业补助资金5000元入股，入股后1—3年内，每年给予分红1000元，第4年以后每年给予分红500元；以信贷资金3万—5万元入股的，入股后1—3年内，由琦润公司每年按入股信贷资金的8%支付分红（2400—4000元），3年期满后，贫困户有权退出，退出时，信贷资金的偿还由琦润公司负责。若贫困户选择继续入股，则每年由琦润公司按贫困户投入信贷资金的8%支付分红。目前已带动贫困户111

户，户年增收 1000—5000 元。

3. "能人引领"模式

积极培育村内致富能人，发挥能人的技能、经济、创业优势，带动贫困户脱贫，采取"致富能人＋合作社＋贫困户"联结方式，带动贫困户增收。如岜独村老支书、老党员李高强 2015 年成立农民种养专业合作社养殖少量的黑山羊。2016 年年初在村"两委"的动员和支持下，合作社扩大养殖范围及规模，目前养殖用地 10 亩，已建成牛舍 3000 平方米，羊舍 1000 平方米，存栏肉牛 200 头，黑山羊 150 头。贫困户以政策性资金入股合作社，合作社以贫困户投入资金的 8% 作为固定分红。目前已带动 50 户贫困户，户年增收 1000—5200 元。

四、乡村治理有效的经验与启示

岜独村在贫困村"第一书记"的带领下，实现了发展资源的内外联动，促进了贫困村整体脱贫和持续发展。岜独村"第一书记"治理实践的经验与启示主要有以下两点。

（一）贫困村脱贫与振兴的治理有效主要表现为村庄内外部的有效对接

在贫困地区，脱贫攻坚是乡村振兴的优先任务，而贫困村治理有效是实现乡村脱贫与振兴的关键。从治理结构看，乡村治理包含了诸多参与主体。在我国的社会情境中，政府主体和村庄基层党组织是两个最重要的参与主体。在乡村脱贫与振兴的实践中，强调发挥政府主导作用与村庄主体作用。政府主导有助于引导和加大外部对贫困村脱贫与振兴的支持力度，助力贫困村脱贫与振兴。村庄主体是通过村庄内源动力来促进贫困村脱贫与振兴，这是贫困村实现可持续发展的重要方式。更为重要的是，在乡村治理中，不管是脱贫攻坚还是乡村振兴战略，乡村治理有效主要体现为贫困村内部与外部的有效对接。

（二）干部驻村是快速提升贫困村治理能力的重要方式

基层党组织软弱涣散，意味着贫困村缺乏治理有效的能力。下派政府优秀干部担任贫困村"第一书记"或者工作队队员是提升贫困村治理能力的重要方式。岜独村案例表明，"第一书记"或驻村干部通过过硬的治理能力激发了村庄的内源发展动力，促进了贫困村组织化发展，通过其社会网络引导和动员社会扶贫资源帮扶贫困村脱贫与振兴，实现外部资源与内源互动式的有效治理。然而，下派优秀干部驻村主导贫困村治理也会导致村内干部对下派干部的依赖，从而不利于贫困村干部治理能力的提升。[1]这就需要政府更加重视贫困村村内干部能力的培育，强化实施"双培双带"工程，把党员培养成致富带头人，把致富带头人中的先进分子培养成党员，增强基层党组织干部的治理能力。同时，驻村干部在主导贫困村脱贫与振兴中，也要将培育村内干部能力摆在突出位置，以提升村内干部治理能力促进贫困村脱贫与振兴。

---

[1] 覃志敏、岑家锋：《精准扶贫视域下干部驻村帮扶的减贫逻辑——以桂南 S 村的驻村帮扶实践为例》，《贵州社会科学》2017 年第 1 期。

第六章

研究结论与政策建议

✦

第一节　研究结论

　　脱贫攻坚与乡村振兴衔接包含了多个方面的衔接，本书主要在乡村产业发展、生态建设与人居环境改善、乡村文化与公共服务、乡村治理四个领域，通过贫困村案例实践探讨了脱贫攻坚与乡村振兴战略的衔接。相关研究的主要结论如下。

一、脱贫攻坚与乡村振兴的产业衔接

　　习近平总书记指出："产业兴旺，是解决农村一切问题的前提。"[①] 在农村产业发展上，脱贫攻坚强调建立产业脱贫长效机制，乡村振兴战略则以壮大乡村产业和实现农业现代化为目标。从总体目标来看，脱贫攻坚与乡村振兴的目标是一致，即促进农民收入水平进一步提高，脱贫攻坚成果得到进一步巩固。脱贫攻坚与乡村振兴的产业衔接重点在于完善农业产业经营体系，促进农村产业融合发展，以及完善产业利益联结机制等。隆坝村的实践案例表明，贫困地区乡村促进产业融合发展除了要发挥政府主导作用、支持企业积极参与外，也需要积极发掘乡村内部的"经济能人"，充分发挥好乡村"经济能人"在市场和管理上的专业化能力，促进村庄内部资源与外部市场的衔接，进而推进农村产业融合发展和农民增收致富。三百村的实践案例表明，实现贫困农户与现代农业有机衔接的主要载体是

---

　　① 习近平：《把乡村振兴战略作为新时代"三农"工作总抓手》，《求是》2019 年第 11 期。

企业，双方的合作是基于产业分工的合作。我国农业的现代化发展呈现出资金密集型和技术密集型的"双密集"型特征。贫困农户与现代农业的有效衔接主要解决的是贫困农户参与现代农业发展的资金和技术问题。企业与贫困农户产业合作，技术问题和市场风险问题由企业解决。因而，解决贫困农户参与合作的资金或资产问题，就成为实现贫困农户与现代农业有机衔接的关键环节。农干村实践案例表明，要将村集体经济发展"限制"在村庄内部才能促进贫困村村集体经济的实质发展，而政府帮扶投入的资产化、村集体合作组织与村内经济能人形成利益联结机制，将有助于实现村集体经济实质发展。

二、脱贫攻坚与乡村振兴的生态与人居环境衔接

习近平总书记指出："建设好生态宜居的美丽乡村，让广大农民在乡村振兴中有更多获得感、幸福感。"[①] 生态建设与人居环境改善是实现生态宜居的重要内容。在生态宜居上，脱贫攻坚政策强调通过保护生态和改善居住条件实现贫困人口多维脱贫，实现生态保护与贫困人口脱贫发展的双赢；乡村振兴战略以实现老百姓富裕与生态美的统一为目标。乡村振兴战略与脱贫攻坚在生态宜居上的目标方向具有一致性，不同的是脱贫攻坚在居住条件改善的要求上低于乡村振兴战略。脱贫攻坚与乡村振兴的生态与人居环境改善衔接的重点领域，是通过生态保护与资源可持续开发推进乡村绿色发展，以及通过基础设施建设和公共服务设施建设等改善人居环境等。里才村的实践案例表明，生态保护下的绿色发展是实现"绿色青山变金山银山"的重要方式，基础设施建设是生态价值转变为经济价值的

---

① 《习近平近日做出重要指示　强调建设好生态宜居的美丽乡村　让广大农民有更多获得感幸福感》，2018 年 4 月 23 日，见 http://www.xinhuanet.com/politics/leaders/ 2018–04/23/c_1122725971.htm。

前提，基层党员带动和以奖代补能调动村民参与积极性和彰显农民主体地位，同时发挥好市场主体的带动作用。海雀村的实践案例表明，充分认识和发掘村庄生态资源，积极推进乡村旅游是实现生态建设与人居环境改善结合的有效方式。在贫困村的乡村旅游缺乏市场带动的情况下，政府需要发挥主导作用，通过其资金资源优势推进旅游基础设施建设，制定乡村旅游规划并给予建设指导。农村基层组织和干部的引领和带动能有效激发村民参与的主体性。而村庄和村民主体性的激发既能促进村庄内源动力的形成，也能减少人居环境改善的成本，还可以增加村民的获得感和成就感。

三、脱贫攻坚与乡村振兴的文化与公共服务衔接

习近平总书记强调："加强农村思想道德建设和公共文化建设，以社会主义核心价值观为引领，深入挖掘优秀传统农耕文化蕴含的思想观念、人文精神、道德规范，培育挖掘乡土文化人才，弘扬主旋律和社会正气，培育文明乡风、良好家风、淳朴民风，改善农民精神风貌，提高乡村社会文明程度，焕发乡村文明新气象。"[①] 在乡风文明建设上，脱贫攻坚政策强调弘扬中华民族自强不息、扶贫济困传统美德，激发贫困群众奋发脱贫的热情；乡村振兴战略强调坚持物质文明和精神文明一起抓，提升农民精神风貌，培育文明乡风、良好家风、淳朴民风，提高乡村社会文明程度。乡村振兴战略和脱贫攻坚在乡风文明上具有方向上的一致性。在乡风文明建设上，脱贫攻坚与乡村振兴战略衔接的重点内容包括了加强思想道德建设，传承发展农村优秀传统文化，以及加强农村公共服务建设等。仁乡村的实践案例表明，乡村旅游是促进乡村传统文化发展的重要方式。乡村旅

---

① 《这篇"大文章"，习近平这样擘画》，2018 年 3 月 9 日，见 http://www.xinhuanet.com/politics/2018-03/09/c_1122513696.htm。

游促进农村传统文化的传承与发展。要发挥政府在基础设施建设、编制旅游扶贫规划等方面的主导作用，通过合作社等载体引导贫困农户参与旅游扶贫，在参与过程中实现贫困人口"增权"和增收，这有助于包括贫困人口在内的村庄整体参与实现乡村文化的传承与发展。合寨村的实践案例表明，乡村公共服务（包括文化服务）供给是组织化供给的过程，村庄公共服务供给组织（村级公共服务中心）是建构政府与村庄合力供给公共文化服务的重要平台。村级公共服务中心的建设也促进了村庄治理的职能化和基层政府治理向村庄的延伸。

四、脱贫攻坚与乡村振兴的基层治理衔接

习近平总书记指出："要加强和创新乡村治理，建立健全党委领导、政府负责、社会协同、公众参与、法治保障的现代乡村社会治理体制，健全自治、法治、德治相结合的乡村治理体系，让农村社会既充满活力又和谐有序。"[1] 在治理有效上，脱贫攻坚政策强调"要把扶贫开发同基层组织建设有机结合起来"，"真正把基层党组织建设成带领群众脱贫致富的坚强战斗堡垒"[2]，通过乡村治理有效落实脱贫攻坚各项政策措施。乡村振兴战略强调基层治理是乡村振兴的基础，并以建立健全党委领导、政府负责、社会协同、公众参与、法治保障的现代乡村社会治理体制为根本目标。脱贫攻坚与乡村振兴战略在乡村治理有效上衔接的重点内容包括强化以党组织为核心的乡村治理体系，以及加强农村基层党组织人才队伍建设等。天然村的实践案例表明，好的村级党组织和优秀村干部是实现治理有效的

---

① 中国社会科学院习近平新时代中国特色社会主义思想研究中心：《构建党组织领导的共建共治共享乡村善治新格局》，《光明日报》2020 年 1 月 21 日。

② 《习近平 2 次召集多省份党委"一把手"座谈为"十三五"谋划啥？》，2015 年 6 月 24 日，见 http://www.xinhuanet.com//politics/2015-06/24/c_127944961_3.htm。

关键，强化农村基层党组织领导核心的村级治理体系，不仅能有效动员村民参与村庄治理，而且可以凭借村级党组织与政府联系的天然联系优势得到政府的大力支持。村庄基层党组织带头人在乡村治理有效中发挥了关键作用，应当着重培养基层党组织带头人，着重从返乡农民、大学生等群体中选拔和培养村庄党组织带头人。岜独村的实践案例表明，贫困村实现脱贫和振兴的治理过程主要表现为村庄内部与外部的合作与对接，驻村干部（"第一书记"）治理能力强、社会网络资源多，是促进贫困村内外联系的重要载体。对于基层党组织软弱涣散的贫困村，下派驻村"第一书记"是快速提升贫困村治理能力的有效方式，应该将贫困村"第一书记"机制长期化。贫困村"第一书记"主导村庄的扶贫与发展，不仅要帮助村庄实现治理有效目标，更要将培育和提升村内干部能力摆在突出位置，以提升村内干部治理能力促进贫困村脱贫与振兴。

第二节　问题与建议

就发展实质而言，脱贫攻坚战与乡村振兴战略均解决发展的不平衡问题。脱贫攻坚战着力促进贫困地区、贫困人口的加快发展，促进贫困地区和贫困人口摆脱贫困，以实现共同富裕，解决贫困地区、贫困人口与其他地区或富裕农户的不平衡发展问题。乡村振兴战略着力促进乡村快速发展，缩小城乡差距，解决城乡之间不平衡发展问题。脱贫攻坚与乡村振兴战略在政策措施上具有较高的重合性，推进过程中面对的问题具有相似性。下面将从农村产业发展、生态与人居环境改善、乡风文明建设、乡村治理等方面阐述脱贫攻坚与乡村振兴衔接面临的主要问题，并提出相应的建议。

一、主要问题

（一）产业带贫与贫困人口能力建设问题

脱贫攻坚战打响以来，农业产业化发展的新要求和农业供给侧结构性改革共同推动了农村产业发展向产业带贫转向。与以往产业扶贫注重帮扶有劳动能力、发展意愿的贫困户提升产业经营能力，并最终实现自我发展和稳定脱贫不同，产业带贫将扶贫资源聚焦新型农业经营主体和产业发展，依靠新型农业经营主体发展产业带动各类型贫困户（包括丧失劳动能力贫困户）实现增收脱贫和产业振兴。产业带贫的实质是新型经营主体主导农业产业纵向一体化发展，使贫困户在产业发展中获得非经营性收入（财产性收入、转移性收入和工资性收入）。产业带贫扩大了贫困受益群体，无劳动能力的贫困人口或农民也能分享产业发展的红利，促进了贫困地区的农业现代化。但是，产业带贫很难有效增强贫困农户的农业自主经营能力，带来了贫困农户产业经营能力的弱化，以及产业发展参与的表面化（参与分红的贫困户不清楚产业发展得怎么样，甚至不知道是从什么产业发展中获得的分红）。此外，产业带贫还使贫困农户对政府和新型农业经营主体的依赖性增强。

（二）贫困村基础设施缺乏有效养护机制

脱贫攻坚战打响以来，中央和各级政府的扶贫投资大幅增加，且扶贫资金投入主要集中在基础设施建设、产业发展等领域。如里才村 2016—2018 年共获得各类扶贫资金 2390.46 万元，其中基础设施投入 1333.1 万元，占比 55.76%。水、电、路、网等基础设施投入大幅增加，极大地改善了贫困村的人居环境。受地理环境影响，贫困村的道路等基础设施容易受到自然灾害破坏（如山洪冲击），且新建基础设施缺乏相应的养护机制。如西部某省脱贫攻坚期间农村公路增加至约 10 万千米，农村公路里程大幅增加主要是因为贫困村的村组硬化路建设，村组道路硬化是贫困村脱贫的指标之一。交通部门公路养护责任到县乡道路，村组道路并没有被列入养护范围，且缺少村组道路养护的专项经费。而在政府缺乏村组道路养护资金的情况下，贫困村自身也没有建立依靠村庄力量养护基础设施的机制。

（三）贫困村文化服务面临持续资金支持的挑战

随着乡村社会的分化发展，农民物质文化生活水平不断提高，群众对农村社会的服务管理、文化娱乐、医疗卫生等方面的要求呈现多层次、多样化的特点。在市场、社会缺位的情况下，依靠政府与村庄合力提供村级文化服务成为实现贫困地区村级公共服务有效供给的重要选择。贫困村有较好的村集体经济收入是实现政府和村庄合力供给村级公共服务的前提。而缺乏村集体经济收入或集体经济收入不稳定恰恰是多数贫困村庄的重要特征。可见，尽管获得了政府的支持，贫困村传承发展农村优秀传统文化仍面临缺乏持续资金支持的难题。

（四）乡村精英治村的精英俘获问题

在扶贫实践中，往往容易出现扶贫资源瞄准偏离的现象。扶贫资源瞄准偏离，从宏观上看是因为管理与制度的漏洞和不足，从微观上看，乡村精英俘获资源是关键原因。[①] 精英俘获（Elite Capture）是发展社会学的一个概念，主要指在发展中国家的发展项目或反贫困项目实施过程中，地方

---

① 邢成举、李小云：《精英俘获与财政扶贫项目目标偏离的研究》,《中国行政管理》2013 年第 9 期。

精英凭借其自身具有的参与经济发展、社会改造和政治实践的机会优惠，支配和破坏社区发展计划和社区治理，扭曲和绑架发展项目的实施目标进而影响社区发展项目的实施和效果①②③。脱贫攻坚战坚持精准扶贫精准脱贫方略，政府在大规模向贫困村投入扶贫资源的同时，强调扶贫资源精准传递到贫困人口并与贫困人口需求有效衔接。然而，扶贫资源大规模向贫困村传递，必然要求村庄具有承接扶贫资源的组织主体性和贫困人口的个体主体性。④乡村精英对外积极联系政府及其他帮扶力量，争取项目资源，对内动员和组织参与实施扶贫项目。因而，乡村精英在脱贫攻坚和乡村振兴战略实施中扮演了承接扶贫资源或乡村建设资源的关键角色。乡村精英在村庄基层组织中担任了多个职务，与普通村民和贫困农户相比在扶贫资源上具有信息优势甚至能够做到信息垄断。与外部帮扶组织相比，乡村精英具有村庄治理重要情景信息的优势。一方面，乡村精英可以有效利用相对于外部帮扶组织的信息不对称优势，向上级政府报告符合自身利益的诉求，成功俘获扶贫资源。⑤另一方面，乡村精英利用对普通村民和贫困人口的信息不对称优势，形成乡村精英利益结盟（乡村精英如村干部，农村中与政府官员关系密切的"能人"），攫取扶贫资源等公共资源。⑥

---

① Aniruddha Dasgupta, Victoria A.Beard, "Community Driven Development, Collective Action and Elite Captur in Indonesia", *Development and Change*, No.2, 2007.

② Antlov, H., "Village Government and Rural Development in Indonesia: The New Democratic Framework", *Bulletin of Indonesian Economic Studies*, No.2, 2003.

③ Crook, R.C., "Decentralization and Poverty Reduction in Africa: The Politics of Local-Central Relations", *Public Administration and Development*, No.1, 2003.

④ 陆汉文、杨永伟：《发展视角下的个体主体性和组织主体性：精准扶贫的重要议题》，《学习与探索》2017 年第 3 期。

⑤ 陆汉文、李文君：《信息不对称条件下贫困户识别偏离的过程与逻辑——以豫西一个建档立卡贫困村为例》，《中国农村经济》2016 年第 7 期。

⑥ 胡卫卫、于水：《精英俘获与扶贫领域的腐败治理》，《长白学刊》2019 年第 6 期。

二、政策建议

针对脱贫攻坚与乡村振兴战略衔接中存在的问题，提出如下建议。

（一）增加农户参与新型农业经营主体农业发展的合作资本

随着农业供给侧结构性改革的深入推进，农业发展导向的质量化是一个重要趋势，这使得今后农户比较不易在传统小农生产经营中获得大幅增收。农业生产经营性收入增长困难成为当前和今后一段时期农民持续增收致富面临的主要挑战之一。[①] 农业企业等新型经营主体是提升农业质量的重要力量。在农业向资金和技术密集型和质量化发展的趋势下，农民由生产经营者变为农业工人能获得较为稳定的农业收入，然而农户与新型农业经营主体进行合作才是促进农民农业生产经营性收入持续提高的重要途径。与新型农业经营主体的农业发展联合，农民不仅要有劳动力优势，更重要的是应该具有一定的农业资产。如在三百村，农户在与养殖企业的联合中获得了高收益，而农户不仅提供了劳动力，而且需要自己建设标准化、规模养殖的养殖设施。因而增加农户的农业资产，促进农户向劳力和资金双密集型的新型农户转变，是促进农户以小农身份而不是农业工人身份实现持续增收的关键，也是实现农户与现代农业衔接的重要方式。增加农户农业合作资产主要有两种方式。一是加大对农户的金融扶持政策，帮助农户通过使用信贷资金增加农业资产；二是由政府或者村集体建设现代化的农业设施，出租给农户（特别是贫困农户），使传统农户转变为劳力和资金双密集型的新型农户。

---

① 谢天成、王大树：《乡村振兴战略背景下促进农民持续增收路径研究》，《新视野》2019 年第 6 期。

（二）建立以村庄为主的村内基础设施养护机制

村组道路等基础设施是村庄所有村民的公共产品，它们的养护需要以村庄内部力量负责，需要建立以村庄力量为主的村组道路等基础设施养护机制。具体而言，以村民组为单位，建立道路养护工作队。划分路段，积极向上级部门争取道路养护公益岗位，划定路段管护责任人。由相关的路段养护责任人负责道路的清洁、监测等工作。通过争取上级部门资金、使用村集体经济收入、村民集资等多种渠道筹集塌方、塌陷路段的维修资金，尽可能选择以村民投工投劳的方式实施道路维修工作。

（三）大力发展村集体经济，增加支持村庄传统文化发展资金

持续的资金支持是乡村传统文化传承发展的重要条件。单靠政府或者单靠村庄提供传承发展乡村传统文化的资金都难以实现乡村传统文化传承发展的可持续性。在贫困地区，政府与村庄合力传承发展乡村传统文化具有稳定性和可持续性，需要建立多元化的资金支持来源。具有可观、稳定的村集体经济收入，是贫困地区实施政府与村庄合力供给村级公共服务的重要基础。在脱贫攻坚与乡村振兴衔接中，增加村庄特别是贫困村集体经济收入，可采取以下方式：一是对于无村集体资产的村庄，通过创新使用到村财政资金，以资产收益方式增加村集体经济收入，如使用到村扶贫资金购买农机具，将农机具租赁给专业大户并获得租金收益。二是对于无村集体资产但村内农业产业发展较好的村庄，可以由村委提供有偿服务的方式增加村集体经济收入，如为种养大户、企业等在村内开展土地流转提供服务（为土地需求方提供土地流转信息，动员农户参与土地流转，协调流转土地的农户与土地需求方的关系，保障农户土地流转中的利益等）并收取一定的服务费。三是对于有一定资产的村庄，扶持发展壮大其村集体经

济，增加村集体经济收入，进而增强村庄公共文化产品的供给。

（四）加强政策宣传和政府购买服务，压缩精英俘获空间

信息不对称条件下乡村精英的信息优势以及乡村精英权力集中，是扶贫资源和乡村发展资源被乡村精英俘获现象产生的重要原因。压缩乡村精英俘获乡村发展资源可以同时采取以下方式。一是加大脱贫攻坚政策与乡村振兴政策的宣传力度。印发政策宣传手册，由驻村干部或政策宣传工作队进村入户宣传政策，使党的政策措施深入人心。在政策内容上降低乡村精英对贫困农户和普通村民的信息优势。二是建立健全贫困地区基层政府购买服务制度。政府购买服务是我国政府治理转型的重要探索。由第三方（服务承接方）实施乡村扶贫或振兴的项目，有助于降低乡村精英对发展资源的支配权力，进而降低乡村精英俘获资源的可能性。在发达地区或城市治理中，政府购买服务比较常见，但贫困地区的县乡政府实施政府购买服务比较少。这一方面是由于贫困地区县乡政府购买服务制度建设滞后，缺少规范化的政府购买服务制度；另一方面是由于这些地区的本地社会组织发展缓慢、数量少。贫困地区地方政府要加快建立健全基层政府购买服务制度，大力培育本地社会组织，同时积极引导外地社会组织参与贫困地区政府的购买服务。

参考文献

一、专著

1. 陈锡文：《中国农村公共财政制度》，中国发展出版社 2005 年版。

2. 国家统计局农村社会经济统计司：《中国农村统计年鉴（1989）》，中国统计出版社 1989 年版。

3. 李周、陈若梅、高岭：《中国贫困山区开发方式和生态变化关系的研究》，山西经济出版社 1997 年版。

4. 仝志辉：《农民合作新路：构建"三位一体"综合合作体系》，社会科学文献出版社 2016 年版。

5. 王小强、白南风：《富饶的贫困》，四川人民出版社 1986 年版。

6. 习近平：《做焦裕禄式的县委书记》，中央文献出版社 2015 年版。

7. 张磊主编：《中国扶贫开发历程（1994—2005 年）》，中国财政经济出版社 2007 年版。

8. 中共中央党史和文献研究院：《习近平扶贫论述摘编》，中央文献出版社 2018 年版。

二、文章

1. 艾医卫、屈双湖：《建立和完善农村公共服务多元供给机制》，《中国行政管理》2008 年第 10 期。

2. 包俊洪：《毕节试验区：科学发展理论的先行探索与实践》，《马克思主义与现实》2006 年第 1 期。

3. 北京天则经济研究所《中国土地问题》课题组：《土地流转与农业现代化》，
《管理世界》2010 年第 7 期。

4. 边慧敏、张玮、徐蕾：《连片特困地区脱贫攻坚与乡村振兴协同发展研究》，
《农村经济》2019 年第 4 期。

5. 蔡昉：《穷人的经济学——中国扶贫理念、实践及其全球共享》，《世界经济
与政治》2018 年第 10 期。

6. 陈航英：《小农户与现代农业发展有机衔接——基于组织化的小农户与具有
社会基础的现代农业》，《南京农业大学学报》（社会科学版）2019 年第 2 期。

7. 陈林：《习近平农村市场化与农民组织化理论及其实践——统筹推进农村
"三变"和"三位一体"综合合作改革》，《南京农业大学学报》（社会科学
版）2018 年第 2 期。

8. 陈南岳：《我国农村生态贫困研究》，《中国人口·资源与环境》2003 年第 4 期。

9. 陈世伟：《我国农村公共服务供给主体多元参与机制构建研究》，《求实》
2010 年第 1 期。

10. 陈潭、刘建义：《农村公共服务的自主供给困境及其治理途径》，《南京农业
大学学报》（社会科学版）2011 年第 3 期。

11. 陈志钢、毕洁颖、吴国宝、何晓军、王子妹一：《中国扶贫现状与演进以及
2020 年后的扶贫愿景和战略重点》，《中国农村经济》2019 年第 1 期。

12. 党红艳、金媛媛：《旅游精准扶贫效应及其影响因素消解——基于山西左权
县的案例分析》，《经济问题》2017 年第 5 期。

13. 豆书龙、叶敬忠：《乡村振兴与脱贫攻坚的有机衔接及其机制构建》，《改革》
2019 年第 1 期。

14. 高伯文：《改革开放前党对工业化与"三农"问题关系的认识与启示》，《中
共福建省委党校学报》2010 年第 1 期。

15. 巩固：《政府激励视角下的〈环境保护法〉修改》，《法学》2013 年第 1 期。

16. 郭苏建、王鹏翔：《中国乡村治理精英与乡村振兴》，《南开学报》（哲学社会
科学版）2019 年第 4 期。

17. 郭易楠：《新时代农村基层党建创新研究——基于浙西北 L 村的实践探索》，《领导科学》2019 年第 20 期。

18. 国家发展改革委宏观院和农经司课题组：《推进我国农村一二三产业融合发展问题研究》，《经济研究参考》2016 年第 4 期。

19. 韩跃民：《全球生态贫困治理与"中国方案"》，《社会科学战线》2019 年第 11 期。

20. 韩长赋：《大力实施乡村振兴战略》，《人民日报》2017 年 12 月 11 日。

21. 何红、王淑新：《多维角度下中国乡村旅游扶贫效应研究评述》，《中国农业资源与区划》2019 年第 4 期。

22. 何立胜、李世新：《产业融合与农业发展》，《晋阳学刊》2005 年第 1 期。

23. 何宇鹏、武舜臣：《连接就是赋能：小农户与现代农业衔接的实践与思考》，《中国农村经济》2019 年第 6 期。

24. 贺雪峰：《关于实施乡村振兴战略的几个问题》，《南京农业大学学报》(社会科学版) 2018 年第 3 期。

25. 胡卫卫、于水：《精英俘获与扶贫领域的腐败治理》，《长白学刊》2019 年第 6 期。

26. 黄承伟：《习近平扶贫思想论纲》，《福建论坛·人文社会科学版》2018 年第 1 期。

27. 黄承伟：《中国扶贫开发道路研究：评述与展望》，《中国农业大学学报》(社会科学版) 2016 年第 5 期。

28. 黄鹤群：《发展壮大村集体经济的思考》，《现代经济探讨》2010 年第 10 期。

29. 黄祖辉：《准确把握中国乡村振兴战略》，《中国农村经济》2018 年第 4 期。

30. 姜云长：《实施乡村振兴战略需要努力规避的几种倾向》，《农业经济问题》2018 年第 1 期。

31. 孔祥智、高强：《改革开放以来我国农村集体经济的变迁与当前亟须解决的问题》，《理论探索》2017 年第 1 期。

32. 孔祥智、穆娜娜：《实现小农户与现代农业发展的有机衔接》，《农村经济》

2018 年第 2 期。

33. 冷志明、丁建军、殷强：《生态扶贫研究》，《吉首大学学报》(社会科学版)
2018 年第 4 期。

34. 李明阳：《论农村公共服务有效供给视角下的三级财政体制》，《思想战线》
2013 年第 S1 期。

35. 李小云、许汉泽：《2020 年后扶贫工作的若干思考》，《国家行政学院学报》
2018 年第 1 期。

36. 梁海兰：《乡村旅游扶贫实现路径研究——以重庆市石柱县绿桃村为例》，
《农业经济》2019 年第 11 期。

37. 林万龙：《农村公共服务市场化供给中的效率与公平问题探讨》，《农业经济
问题》2007 年第 8 期。

38. 刘闯、仝志辉、陈传波：《小农户现代发展的萌发：农户间土地流转和三种
农地经营方式并存的村庄考察——以安徽省 D 村为个案分析》，《中国农村
经济》2019 年第 9 期。

39. 刘春腊、徐美、周克杨、曾凡超、刘子明：《精准扶贫与生态补偿的对接机
制及典型途径——基于林业的案例分析》，《自然资源学报》2019 年第 5 期。

40. 刘金海：《工作队：当代中国农村工作的特殊组织及形式》，《中共党史研究》
2012 年第 12 期。

41. 刘彤、张等文：《多中心供给：后农业税时代农村基本公共服务的有效供给
模式》，《学习与探索》2012 年第 5 期。

42. 刘彦随：《中国新时代城乡融合与乡村振兴》，《地理学报》2018 年第 4 期。

43. 刘祖云、姜姝：《"城归"：乡村振兴中"人的回归"》，《农业经济问题》2019
年第 2 期。

44. 陆汉文、李文君：《信息不对称条件下贫困户识别偏离的过程与逻辑——以
豫西一个建档立卡贫困村为例》，《中国农村经济》2016 年第 7 期。

45. 陆汉文、杨永伟：《发展视角下的个体主体性和组织主体性：精准扶贫的重
要议题》，《学习与探索》2017 年第 3 期。

46. 罗明忠、邱海兰、陈江华:《农业社会化服务的现实约束、路径与生产逻辑:
江西绿能公司例证》,《学术研究》2019 年第 5 期。

47. 欧阳祎兰:《探索生态扶贫的实现路径》,《人民论坛》2019 年第 21 期。

48. [日] 今村奈良臣:《把第六次产业的创造作为 21 世纪农业产业》,《月刊地
域制作》1996 年第 1 期。

49. 阮文彪:《小农户和现代农业发展有机衔接——经验证据、突出矛盾与路径
选择》,《中国农村观察》2019 年第 1 期。

50. 史传林:《非政府组织参与农村公共服务的理论分析与政策选择》,《学术交
流》2007 年第 9 期。

51. 史玉成:《生态扶贫:精准扶贫与生态保护的结合路径》,《甘肃社会科学》
2018 年第 6 期。

52. 粟娟:《武陵山旅游扶贫效益测评及其优化》,《商业研究》2009 年第 9 期。

53. 孙德超、周媛媛、胡灿美:《70 年"中国式减贫"的基本经验、面临挑战及前
景展望——基于主体—内容—方式的三维视角》,《社会科学》2019 年第 9 期。

54. 孙久文、李星:《攻坚深度贫困与 2020 年后扶贫战略研究》,《人民论坛》
2019 年第 9 期。

55. 孙喜红、贾乐耀、陆卫明:《乡村振兴的文化发展困境及路径选择》,《山东
大学学报》(社会科学版) 2019 年第 5 期。

56. 覃志敏、岑家锋:《精准扶贫视域下干部驻村帮扶的减贫逻辑——以桂南 S
村的驻村帮扶实践为例》,《贵州社会科学》2017 年第 1 期。

57. 汤洪俊、朱宗友:《农村一二三产业融合发展的若干思考》,《宏观经济管理》
2017 年第 8 期。

58. 汤敏:《中国农业补贴政策调整优化问题研究》,《农业经济问题》2017 年第
12 期。

59. 汪杰贵、周生春:《建构农村公共服务农民自主组织供给制度——基于乡村
社会资本重构的研究》,《经济体制改革》2011 年第 2 期。

60. 汪三贵、冯紫曦:《脱贫攻坚与乡村振兴有机衔接:逻辑关系、内涵与重点

内容》，《南京农业大学学报》（社会科学版）2019 年第 5 期。

61. 汪三贵、曾小溪：《后 2020 贫困问题初探》，《河海大学学报》2018 年第 2 期。

62. 王定祥、谭进鹏：《论现代农业特征与新型农业经营主体建构》，《农村经济》
    2015 年第 9 期。

63. 王乐君、寇广增：《促进农村一二三产业融合发展的若干思考》，《农业经济
    问题》2017 年第 6 期。

64. 王小林：《改革开放 40 年：全球贫困治理视角下的中国实践》，《社会科学战
    线》2018 年第 5 期。

65. 王晓毅：《精准扶贫与驻村帮扶》，《国家行政学院学报》2016 年第 3 期。

66. 王晓毅：《绿色减贫：理论、政策与实践》，《兰州大学学报》（社会科学版）
    2018 年第 4 期。

67. 王一彪、禹伟良、万秀斌、汪志球：《脱贫攻坚看海雀》，《人民日报》2019
    年 2 月 13 日。

68. 吴光芸：《社会资本理论视角下的农民合作——农村公共服务供给的一种途
    径》，《学习与实践》2006 年第 6 期。

69. 《五年来累计减贫超六千六百万人　脱贫攻坚更加注重提升质量》，《人民日
    报》2018 年 1 月 6 日。

70. 吴业苗：《"一主多元"：农村公共服务的供给模式与治理机制》，《经济问题
    探索》2011 年第 6 期。

71. 武力：《论改革开放以来中国城乡关系的两次转变》，《教学与研究》2008 年
    第 10 期。

72. 习近平：《把乡村振兴战略作为新时代"三农"工作总抓手》，《求是》2019
    年第 11 期。

73. 习近平：《万众一心开拓进取把新时代中国特色社会主义推向前进》，《人民
    日报》2017 年 10 月 20 日。

74. 《习近平系列重要讲话读本：绿水青山就是金山银山——关于大力推进生态
    文明建设》，《人民日报》2014 年 7 月 11 日。

75. 《习近平主持中央政治局集体学习强调　更好推进精准扶贫精准脱贫》,《人民日报》(海外版) 2017 年 2 月 23 日。

76. 向德平、华汛子:《改革开放四十年中国贫困治理的历程、经验与前瞻》,《新疆师范大学学报》(哲学社会科学版) 2019 年第 2 期。

77. 肖卫东、杜志雄:《农村一二三产业融合:内涵要解、发展现状与未来思路》,《西北农林科技大学学报》(社会科学版) 2019 年第 6 期。

78. 谢天成、王大树:《乡村振兴战略背景下促进农民持续增收路径研究》,《新视野》2019 年第 6 期。

79. 邢成举、李小云:《精英俘获与财政扶贫项目目标偏离的研究》,《中国行政管理》2013 年第 9 期。

80. 熊万胜、刘炳辉:《乡村振兴视野下的"李昌平—贺雪峰争论"》,《探索与争鸣》2017 年第 12 期。

81. 徐祥临:《构建"三位一体"农村综合合作社体系》,《领导科学论坛》2017 年第 6 期。

82. 许汉泽、李小云:《"行政治理扶贫"与反贫困的中国方案——回应吴新叶教授》,《探索与争鸣》2019 年第 3 期。

83. 鄢光哲:《乡村旅游已成为农村扶贫主渠道》,《中国青年报》2015 年 8 月 20 日。

84. 杨团:《此集体非彼集体(下)——探索多元化的农村集体产权改革道路》,《经济导刊》2018 年第 11 期。

85. 杨团:《综合农协:中国三农改革的突破口》,《西北师范大学学报》(社会科学版) 2017 年第 3 期。

86. 杨玉明:《多中心治理理论视野下农村公共服务供给模式创新路径研究》,《云南行政学院学报》2014 年第 3 期。

87. 叶晨曦:《我国乡村旅游扶贫模式与发展策略》,《改革与战略》2017 年第 10 期。

88. 叶敬忠:《乡村振兴战略:历史沿循、总体布局与路径省思》,《华南师范大学学报》(社会科学版) 2018 年第 2 期。

89. 叶敬忠:《小农户和现代农业发展:如何衔接?》,《中国农村经济》2018 年第 11 期。

90. 叶兴庆：《新时代中国乡村振兴战略论纲》，《改革》2018 年第 1 期。

91. 易新涛：《改革开放以来中国共产党解决农村基层党组织"三化"问题研究》，《中南民族大学学报》（人文社会科学版）2019 年第 1 期。

92. 于开红、付宗平、李鑫：《深度贫困地区的"两山困境"与乡村振兴》，《农村经济》2018 年第 9 期。

93. 苑鹏、丁忠兵：《小农户与现代农业发展的衔接模式：重庆梁平的例证》，《改革》2018 年第 6 期。

94. 张开云：《社会组织供给农村公共服务：现状评价与政策取向》，《江西社会科学》2010 年第 11 期。

95. 张立、郭施宏：《政策压力、目标替代与集体经济内卷化》，《公共管理学报》2019 年第 3 期。

96. 张琦：《稳步推进脱贫攻坚与乡村振兴有效衔接》，《人民论坛》2019 年第 S1 期。

97. 张元洁、田云刚：《乡风文明的谱系学分析与产业化重建》，《湖北社会科学》2019 年第 10 期。

98. 赵其国、黄国勤、马艳芹：《中国生态环境状况与生态文明建设》，《生态学报》2016 年第 19 期。

99. 郑秉文：《"后 2020"时期建立稳定脱贫长效机制的思考》，《宏观经济管理》2019 年第 9 期。

100. 郑瑞强、赖运生、胡迎燕：《深度贫困地区乡村振兴与精准扶贫协同推进策略优化研究》，《农林经济管理学报》2018 年第 6 期。

101. 周建明：《应如何看待村集体经济——基于国家治理体系和治理能力的视角》，《毛泽东邓小平理论研究》2015 年第 5 期。

102. 庄天慧、孙锦杨、杨浩：《精准脱贫与乡村振兴的内在逻辑及有机衔接路径研究》，《西南民族大学学报》（人文社会科学版）2018 年第 12 期。

103. 庄天慧、张海霞：《开放包容：新中国 70 年贫困治理的经验和逻辑》，《西南民族大学学报》（人文社会科学版）2019 年第 11 期。

104. 左停、刘文婧、李博：《梯度推进与优化升级：脱贫攻坚与乡村振兴有效衔接研究》，《华中农业大学学报》（社会科学版）2019 年第 5 期。

105. 左停、徐卫周：《改革开放四十年中国反贫困的经验与启示》，《新疆师范大学学报》（哲学社会科学版）2019 年第 3 期。

三、网络文章

1. 《为什么说中国特色社会主义进入"新时代"？》，2018 年 1 月 19 日，见 http://theory.people.com.cn/n1/2018/0119/c40531-29775433.html。

2. 《文朝荣群众工作六法》，2014 年 12 月 22 日，见 http://dangjian.people.com.cn/n/2014/1222/c391467-26254685.html。

3. 《习近平：贯彻党中央精神不是喊口号》，2018 年 4 月 13 日，见 http://www.xinhuanet.com/politics/2018-04/13/c_1122679763.htm。

4. 《习近平：举旗帜聚民心育新人兴文化展形象　更好完成新形势下宣传思想工作使命任务》，2018 年 8 月 22 日，见 http://www.xinhuanet.com/politics/leaders/2018-08/22/c_1123310844.htm。

5. 《习近平 2 次召集多省份党委"一把手"座谈为"十三五"谋划啥？》，2015 年 6 月 24 日，见 http://www.xinhuanet.com//politics/2015-06/24/c_127 944961_3.htm。

6. 《习近平对深化农村改革有何最新部署》，2016 年 4 月 29 日，见 http://www.xinhuanet.com/politics/2016-04/29/c_128945969.htm。

7. 《习近平在宁夏考察时强调　解放思想真抓实干奋力前进　确保与全国同步建成全面小康社会》，2016 年 7 月 20 日，见 http://www.xinhuanet.com/politics/2016-07/20/c_1119252332.htm。

8. 《习近平近日做出重要指示强调　建设好生态宜居的美丽乡村　让广大农民有更多获得感幸福感》，2018 年 4 月 23 日，见 http://www.xinhuanet.com/politics/leaders/2018-04/23/c_1122725971.htm。

9. 《习近平在重庆考察并主持召开解决"两不愁三保障"突出问题座谈会》，2019 年 4 月 17 日，见 http://www.xinhuanet.com/politics/leaders/2019-04/17/c_1124379968.htm。

10. 《这篇"大文章"，习近平这样擘画》，2018 年 3 月 9 日，见 http://www.xinhuanet.com/politics/2018-03/09/c_1122513696.htm。

11. 《中共中央 国务院关于抓好"三农"领域重点工作确保如期实现全面小康的意见》，2020 年 2 月 5 日，见 http://www.xinhuanet.com/politics/2020-02/05/c_1125535347.htm。

12. 《中共中央 国务院关于落实发展新理念加快农业现代化　实现全面小康目标的若干意见》，2016 年 1 月 28 日，见 http://www.moa.gov.cn/ztzl/2016zyyhwj/2016zyyhwj/201601/t20160129_5002063.htm。

13. 陈锡文：《推进社会主义新农村建设》，2015 年 11 月 4 日，见 http://cpc.people.com.cn/GB/47817/3827548.html。

14. 广西财政厅：《广西财政大力支持村级公共服务中心建设》，2017 年 5 月 12 日，见 http://www.gxcz.gov.cn/gxzzzzqczt/gzdt/jgdt/201705/t20170527_64895.html。

15. 国家统计局：《扶贫开发成就举世瞩目　脱贫攻坚取得决定性进展——改革开放 40 年经济社会成就系列报告之五》，2018 年 9 月 3 日，见 http://www.stats.gov.cn/ztjc/ztfx/ggkf40n/201809/t20180903_1620407.html。

后　记

本书从基层视角和贫困村的实践探索出发，探讨了脱贫攻坚与乡村振兴战略衔接实践的具体举措和机制、经验与启示，分析存在的不足并提出了相应的对策建议。

本书的研究框架设计得到了国务院扶贫办中国扶贫发展中心主任黄承伟教授的支持与指导，贫困村案例经验材料采集、书稿撰写修改等研究工作得到了国务院扶贫办中国扶贫发展中心、广西大学区域社会治理创新研究中心、华中师范大学的陆汉文教授和蔡志海教授、广西区委党校凌经球教授、华中农业大学袁泉副教授、广西大学的李斌和李丹两位老师，以及我的硕士研究生黄丽珠、朱秋婷、韦东阳等机构或个人的大力支持和帮助。值此书稿付梓之际，特此向大家致以衷心的感谢！

人民出版社为本书出版提供了有力支持，在此向为本书出版付出辛勤劳动的各位编辑表示衷心的感谢和敬意。

由于作者原因，本书难免存在错漏，敬请扶贫研究、乡村振兴研究以及政策实践领域的专家及广大读者批评指正。

覃志敏

2020 年 2 月

丛书策划：蒋茂凝　辛广伟

编辑统筹：刘智宏

责任编辑：曹　利

特约编辑：张　博

装帧设计：周方亚

图书在版编目（CIP）数据

脱贫攻坚与乡村振兴衔接. 基层案例评析 / 中国扶贫发展中心，全国扶贫宣传教育
　中心组织编写；覃志敏著. —北京：人民出版社，2020.11
（脱贫攻坚与乡村振兴衔接研究丛书）
ISBN 978-7-01-022226-4

Ⅰ.①脱…　Ⅱ.①中…②全…③覃…　Ⅲ.①农村—社会主义建设—研究—中国
②扶贫—研究—中国　Ⅳ.① F320.3 ② F126

中国版本图书馆 CIP 数据核字（2020）第 107732 号

脱贫攻坚与乡村振兴衔接：基层案例评析

TUOPIN GONGJIAN YU XIANGCUN ZHENXING XIANJIE：JICENG ANLI PINGXI

中国扶贫发展中心　全国扶贫宣传教育中心 组织编写

覃志敏 著

人民出版社 出版发行

（100706　北京市东城区隆福寺街 99 号）

中煤（北京）印务有限公司印刷　新华书店经销

2020 年 11 月第 1 版　2020 年 11 月北京第 1 次印刷
开本：710 毫米 ×1000 毫米　1/16　印张：11.75
字数：150 千字

ISBN 978-7-01-022226-4　定价：48.00 元

邮购地址 100706　北京市东城区隆福寺街 99 号

人民东方图书销售中心　电话（010）65250042　65289539